DROIT PUBLIC

DE LA

PROVINCE
DE BRETAGNE.

DROIT PUBLIC

DE LA

PROVINCE

DE BRETAGNE,

Avec des Observations relatives aux circonstances actuelles.

Salus populi suprema lex esto.

1789.

AVANT-PROPOS.

L'UNION de la Bretagne à la Couronne, aſſure pour toujours à cette Province la poſſeſſion des Droits dont elle a toujours joui. Ils ont pour appui leur Juſtice; mais ce ſeroit un foible ſecours contre les attaques de l'ambition & de la cupidité, s'ils n'étoient pas défendus par un Prince qui a le plus grand intérêt de les protéger; puiſque ſon autorité ne peut être entiére, qu'autant que tous les Peuples ſoumis à ſon empire jouiront de la liberté.

Les Droits conſtitutionnels de la Bretagne, ont même pour ennemis des gens biens intentionnés; mais qui, prenant l'abus pour la choſe, élevent des doutes ſur l'utilité de la conſtitution: nous avons, diſent-ils, des Etats; en payons-nous moins d'impôts? Cependonc ces Assemblées coûtent énormément à la Province.

On ne fait pas attention que les Etats ne peuvent exempter le Peuple des justes tributs qui sont dus au Prince. Si ces vœux indiscrets étoient remplis; ce Corps politique pourroit être remplacé par un régime de Finance, qui ne seroit pas moins coûteux (1). Les impôts ne diminueroient certainement pas, & le Peuple perdroit tout, même le droit de doléance. Il est cependant essentiel qu'il ait une voix qui puisse se faire entendre.

Parmi ces gens simples, qui sont heureusement en petit nombre, on ne doit pas mettre celui qui fit un Livre (2)

---

(1) Il y a cinq ans qu'on écrivoit ceci. Le régime financier pouvoit être à craindre alors pour la Bretagne : il ne paroît par l'être aujourd'hui, à moins que les circonstances ne changent.

(2) *Mémoire Historique, Critique & Poli-*

exprès pour montrer que les Droits de traite en Bretagne, pouvoient être augmentés à volonté, parce que, selon lui, c'étoient des Droits domaniaux qui n'avoient rien de commun avec les subsides.

L'extra - provinciaire Vertot étoit moins blâmable, quoiqu'il ait composé un long traité pour prouver que *la Bretagne avoit toujours relevé immédiatement ou en arriere - fief de la Couronne :* ce qui n'est pas sans conséquence; car, si cela étoit vrai, en quoi la Bretagne différeroit-elle des autres Provinces du Royaume ?

M. le Président Hainault n'a pas laissé

---

tique, sur les Droits de souveraineté, relativement aux Droits de traite qui se perçoivent en Bretagne, imprimé en 1764, sans nom d'Auteur ni d'Imprimeur. M. le Chapelier a démontré l'absurdité du système de l'Anonyme, dans un Mémoire que les Etats ont présenté au feu Roi, en 1767.

de ſoutenir le même ſyſtême, & même peut-être avec un peu trop de zele.

Les noms du Chronologiſte & de l'Hiſtorien, ont entraîné les Lexicographes d'Hiſtoire, de Géographie, de Juriſprudence, de Finance, &c. Tous obſervent, à la vérité, que la Bretagne eſt un Pays d'Etats; mais ils gardent le plus profond ſilence ſur ſes Titres & ſes Droits, & tous répetent, d'après M. le Préſident Hainault, que cette Province *étoit un fief en pairie, relevant de la France, & que ſes Princes rendoient hommage-lige à la Couronne.*

M. l'Abbé Irail a traité la même queſtion dans ſon Hiſtoire de la réunion de la Bretagne à la France: *il ne reſtoit plus*, dit-il, *que cette Province de toute la puiſſance féodale. ..... il ne s'agiſſoit pas de délibérer ſur la réunion, les Bretons ſavoient bien qu'elle auroit lieu néceſſairement. .... Et les Etats de Vannes ne délibérerent que sur la forme de cette réunion définitive, & sur la demande qu'on les obligea d'en faire.*

Les Auteurs Bretons soutiennent au contraire, que le consentement de la Province, étoit nécessaire pour son union à la Couronne : que François II Duc de Bretagne avoit pu par son droit de souveraineté établir, de l'avis & du consentement des Etats, une substitution en faveur des descendans de François & d'Antoine de Bretagne ; quoique les Loix de la Province rejettent toute institution d'héritier : que la Bretagne formant un Etat distinct & séparé de la France lors de la concession de l'indult du Parlement de Paris, cette Compagnie n'avoit eu aucun prétexte pour vouloir étendre l'exercice de son droit sur cette Province.

Toutes ces assertions sont vraies & prouvées ; mais on va plus loin, on en infére que la Bretagne n'a jamais été ni pu être un fief de la Couronne.

Nous n'entreprendrons pas de concilier des systêmes si opposés : mais nous ferons voir dans une suite de faits Historiques, ce qui peut avoir donné lieu à cette diversité de sentimens.

Les Jurisconsultes Bretons n'ont point parlé des Droits de la Bretagne en général, & moins encore des Assemblées Nationales : Dom Morice a traité ces deux points, mais ce qu'il en a dit est comme perdu dans ses énormes volumes, où d'ailleurs il n'est pas question de l'influence que la constitution de cette Province a éprouvé de la part du Gouvernement auquel elle est soumise.

Dans ces circonstances, nous avons pensé qu'il seroit utile de rassembler sous un point de vue les faits, les loix

& les autorités relatives aux Droits constitutionnels de la Bretagne.

Ce que nous en dirons, sera divisé en quatre Sections : dans la premiere, il sera question des Droits régaliens des anciens Souverains de la Bretagne, de l'hommage qu'ils rendoient à la France, & de l'union de cette Province à la Couronne. Dans la deuxieme, des droits, franchises & libertés des Bretons. Dans la troisieme, des Etats ou Assemblées Nationales. Dans la quatrieme, des anciennes Cours de Justice, du Parlement, de la Chambre des Comptes & autres Jurisdictions considérées dans leurs rapports avec la constitution.

On voit que l'objet de cet Essai est de présenter un tableau des titres respectifs du Monarque & des Sujets, de la France & de la Bretagne. Puissent-ils, dans un moment de crise dont l'iſſue ſera ſans doute heureuſe, contribuer à reſſerrer le lien qui unit les deux Nations & à le rendre indiſſoluble.

DROIT

DROIT PUBLIC DE LA PROVINCE DE BRETAGNE.

CHAPITRE PREMIER.

Des Droits Régaliens des anciens Souverains de la Bretagne, de l'hommage qu'ils rendoient à la France & de l'union de cette Province à la Couronne.

SUIVANT le témoignage des Historiens anciens & modernes, la Bretagne qui s'appelloit autrefois l'*Armorique*, doit son nom aux

A

Bretons qui ſuivirent, à différentes époques, Maxime & Conſtantin, dans les Gaules, & qui, pour prix de leurs ſervices, obtinrent des conceſſions de terres dans la Gaule Celtique.

Le nombre de ces Etrangers s'accrut encore par une émigration de Bretons qui, aimant mieux s'expatrier, que de ſubir la loi des Scots, des Pictes & des Anglo-Saxons, vinrent, ſous la conduite de Rioval, ſe réfugier dans l'Armorique, auprès de leurs Compatriotes.

Cette Nation devint bientôt aſſez puiſſante pour envoyer en 469, Riothime ſon Roi, avec douze mille hommes, au ſecours de l'Empereur Anthémius, contre les Viſigots.

Ce fait, atteſté par Sigebert & Jornandès, prouve que les Bretons-Armoriquains n'avoient pas été des derniers à ſecouer le joug des Romains dont l'empire s'écrouloit de toutes parts. Ils mirent à leur tête des Princes qui, ſous les titres de Rois, de Comtes ou de Ducs, ont gouverné la Bretagne pendant dix ſiecles, avec les droits de Souveraineté; non, ſans troubles: ils étoient trop voiſins de deux grandes Puiſſances.

Les Bretons formoient un corps de Nation,

lorsque les Francs étoient encore sur les bords du Rhin : mais les conquêtes de ces derniers furent rapides. De toutes les Gaules, il ne leur restoit à subjuguer que la Bretagne; ce qui ne tarda pas, si l'on en croit un passage attribué à Grégoire de Tours. On venoit d'annoncer à Canao, Comte des Bretons, la mort supposée de son frere Macliau : « ce qu'il n'eut » pas plutôt appris, dit l'Historien, qu'il » s'empara de tout son Royaume. *Car les » Bretons ont toujours été sous la puissance des » Français, après la mort du Roi Clovis, & » ont été appellés Comtes, & non Rois* (1). »

---

(1) (*Nam semper Britanni sub Francorum potestate, post obitum Regis Chlodovei fuerunt ; & Comites non Reges appellati sunt.*) Tels sont les termes mêmes attribués à Grégoire de Tours. M. le Président Hénault les traduit ainsi : *les Bretons ont toujours été sous la puissance des Français, après la mort de Clovis, & leurs Chefs ont été appellés Comtes & non Rois.* On voit qu'il a fait présent à Grégoire de Tours, des mots *leurs Chefs*, qui ne sont point dans l'original. Il paroît qu'il a senti lui-même l'incongruité de la parenthèse, & il l'a corrigée pour la rendre plus digne de l'Historien. Accommodée ainsi, elle lui appartient presqu'autant qu'à Grégoire de Tours. Aussi lui a-t-elle paru concluante. Il dit qu'elle suffit pour décider la question de l'ancienne mou-

Quelques Critiques ont obſervé que la conjonction *car*, étoit mal placée où elle eſt, que rien ne l'y amene, & que ce qui la ſuit, n'a aucune liaiſon avec ce qui la précede. Suivant eux, Grégoire de Tours étoit trop ſenſé, & ſavoit trop bien la langue dans laquelle il écrivoit, pour avoir uſé d'un ſtyle ſi incohérent. Ils penſoient que ce n'étoit qu'une note marginale que quelque Français plus zèlé qu'inſtruit, avoit miſe ſur ſon manuſcrit pour ſervir de correctif au mot *Royaume* employé par l'Hiſtorien, & qui depuis, avoit paſſé comme tant d'autres interpolations de cette eſpece, de la marge dans le texte, par l'ignorance des copiſtes.

En effet, croira-t-on que Grégoire de Tours ait pu dire : qu'*après la mort de Clovis, les Bretons ont été appellés Comtes, & non Rois* : c'eſt comme ſi l'on diſoit aujourd'hui, que depuis la mort de l'Empereur Louis IV, les Français ont été appellés Rois, & non Empereurs.

---

vance de la Bretagne; il auroit mieux fait d'expliquer comment la mort de Clovis avoit pu rendre les Bretons Comtes, de Rois qu'ils étoient auparavant; car la vague parenthèſe dont il s'agit, n'indique pas d'autre cauſe de cette ſinguliere révolution.

Une locution aussi barbare ne fut jamais de Grégoire de Tours.

En tous cas, si cet Historien avoit avancé que les Bretons ont toujours été sous la puissance des Français, depuis la mort de Clovis, on ne pourroit pas le concilier avec plusieurs autres Historiens Français, qui ne sont pas moins respectables, & particuliérement Adrien de Valois. Cet Auteur dit : que, *quoique les Bretons ayent été souvent domptés par les Français, ils n'ont cependant jamais obéi aux successeurs de Clovis, ni même à ceux de Charlemagne, comme à leurs Souverains* (1).

Grégoire de Tours seroit inconciliable avec lui-même ; car il rapporte que Chilperic petit-fils de Clovis, ayant levé une grosse armée en 477, pour l'envoyer en Bretagne, contre Varoc fils de Macliau, Varoc surprit les troupes du Roi, & leur donna un échec ; que néanmoins ce Prince connoissant l'infériorité de ses forces, traita avec les Chefs de l'armée, promit d'être fidele au Roi, & de lui remettre pour tribut, les revenus de la Ville de Vannes ; mais que la guerre étant finie, il refusa d'éxécuter le traité.

---

(1) Had. Val. Rer. Franc. lib. 6, pag. 286.

Frédegaire fait le même récit dans son épitome, où il qualifie la Bretagne de *Royaume*, quoique gouvernée par des Comtes.

Il est possible en effet, que depuis Clovis, le démembrement du Royaume entre plusieurs Comtes, eût fait cesser la Royauté : mais quand on supposeroit qu'une Puissance étrangere eût contribué à cet événement, il est certain que les Princes Bretons reprirent bientôt le titre de Roi.

Quatre Historiens (1), dont deux étoient contemporains de Dagobert, rapportent qu'en 643, ce Prince revenant victorieux de Bourgogne, envoya sommer le *Roi* de Bretagne, de réparer le tort que les Bretons avoient fait à la France dans une invasion; qu'en conséquence, le Roi Judicaël se rendit auprès de Dagobert, pour excuser l'action de ses Sujets, qu'il promit un dédommagement, & que s'étant soumis lui & son Royaume au Roi de France, il se retira de la Cour avec des présens.

---

(1) Chronique de Sigebert, Abbé de Gemblours, *ad annum* 643, dans la collection d'André Duchêne, l'Histoire composée par Fredegaire, de l'Ordre de Childebrand oncle du Roi Pepin, tome I de la même collection, pag. 773. Et deux autres Historiens, même tome, pag. 583 & 653.

On doit remarquer que ce ſont des Ecrivains Français qui parlent de cette ſoumiſſion, & que pluſieurs autres Auteurs de la même Nation, n'en diſent rien dans le récit qu'ils font de l'entrevue du Roi Judicaël avec le Roi Dagobert : tels ſont Ingomar dans la vie de Judicaël ; l'Abbé Florent dans celle de St. Judoc, & particuliérement St. Oüen Chancelier de France & Auteur contemporain dans la vie de St. Eloi. Ces Hiſtoriens ne font mention que de traités de paix & de préſens donnés & reçus de part & d'autre : on y voit même que Judicaël ne voulut pas communiquer dans le boire & le manger avec Dagobert, dont la vie & les mœurs étoient peu conformes aux ſiennes, & qu'il préféra la table du Chancelier.

Quoi qu'il en ſoit, on ne ſauroit nier que la Bretagne n'ait été conquiſe par Charlemagne vers la fin du huitieme ſiecle : ce qui n'étoit jamais arrivé auparavant ; ou, comme s'expliquent les annales françaiſes de la collection de Duchêne, *quod nunquàm anteà à Francis factum fuerat* (1). La Bretagne paſſa ainſi ſous la domination immédiate des Français.

---

(1) Ann. Franc. tom. I, pag. 40. Les Annales de

Les tributs auxquels les Bretons s'étoient ſoumis, n'étoient rien moins que volontaires, comme l'atteſtent les Hiſtoriens de Charlemagne, & principalement Eginard, ſon ſecrétaire. Ils tenterent pluſieurs fois de s'en affranchir : ce qui obligea Louis-le-Débonnaire d'aller dans la Bretagne qu'il dévaſta. Mais ils furent plus heureux ſous Charles-le-Chauve ſon ſucceſſeur.

Louis-le-Débonnaire avoit eu l'imprudence de confier le Gouvernement de la Bretagne à Néomene ou Noménoë, qui étoit ou ſe prétendoit iſſu des anciens Souverains. C'étoit un moyen de faire valoir ſes prétentions. Il prit le titre de Roi, & rendit aux Bretons l'indépendance dont ils jouiſſoient avant la conquête.

Ce Prince & les Rois Héruſpée & Salomon ſes ſucceſſeurs battirent les Français en différentes rencontres ; ce qui obligea Charles-le-Chauve de traiter avec eux, comme on le peut voir dans le *Chronicon Fontallenenſe.*

L'Annaliſte Sigébert nous apprend ces faits de la maniere ſuivante : *Année* 846, *Charles n'eſt pas heureux dans la guerre contre les Bre-*

Saint Bertin, s'expriment dans les mêmes termes : *ad ann.* 799.

tons. Année 859, Charles entre en Bretagne; les Français ſont vaincus, les Bretons en font un grand carnage. Année 860, Néomene Roi des Bretons, meurt par un effet de la vengeance divine, étant près de dévaſter le royaume des Français. Année 861, Heruſpée, fils de Néomene, Roi des Bretons, fait un traité avec le Roi Charles, & ſe ſoumet à ſa puiſſance. Année 866, Heruſpée eſt tué par ſes Sujets; ſon fils Salomon regne ſur les Bretons, & fait un traité avec Charles qui venoit l'attaquer. Année 876, après la mort du Roi Salomon, les Bretons ſe font la guerre civile pour la Royauté, & ceſſent de ravager la France.

Cette guerre civile & le démembrement du royaume qu'elle occaſionna, furent vraiſemblablement la cauſe que ſes Princes ceſſerent de porter le titre de Roi; mais ils n'en conſerverent pas moins leur ſouveraineté; ſoit que le gouvernement fût diviſé entre pluſieurs Ducs & Comtes, ſoit qu'il fût réuni ſur une ſeule tête.

Cependant ces Princes rendoient un hommage à la France; mais étoit-il lige ou non? Hévin, célebre juriſconſulte Breton ſoutenoit la négative: & voici ſon raiſonnment. Hotman diſtingue (1) trois ſortes d'hommages : l'hommage de ſief ou lige *feudale*; l'hommage de ſervice, *obſéquiale ;* l'hommage de paix, d'alliance & de confédération, *ſociale.* Les Princes Bretons ne devoient pas le premier, puiſque la Bretagne formoit un Etat, avant qu'il fût queſtion de la France. Cette province n'avoit jamais été ſéparée de ce royaume & ſes Ducs ou Comtes n'avoient jamais reçu d'inveſtiture. La Bretagne ne pouvoit donc être un fief de la France; & bien-loin que ſes Princes duſſent l'hommage-lige, ils ne devoient pas même l'hommage de ſervice. C'eſt ce que les Rois de France ont reconnu eux-mêmes, par quatre lettres de non-préjudice des années 1328, 1383, 1386 & 1411, dont les originaux ſont encore aujourd'hui au nombre des titres des Ducs, conſervés au château de Nantes. On voit dans ces actes, que lorſque les Ducs de Bretagne ont conduit des troupes au ſecours des Rois de France, on eſt convenu que ce n'étoit que par gratitude & bienveillance, & ſans qu'on pût en induire à l'avenir aucun droit, coutume ou ſervitude. L'hommage de paix & de confédération, qui, ſuivant le même Publiciſte, n'eſt

(1) *Diſputatione de feudis*, *cap.* 24.

qu'une ſoumiſſion de reſpect envers un Souverain plus puiſſant, étoit donc le ſeul dont les Princes Bretons fuſſent tenus. Les termes des Hiſtoriens, *ſe dominationi ſubdit & confœderatur*, n'en annoncent pas d'autre.

Il eſt évident que ces termes, *il ſe ſoumet à ſa puiſſance, & fait un traité*, ne peuvent ſignifier un aſſujettiſſement abſolu, puiſque les Rois ou Comtes de Bretagne ont conſervé leur ſouveraineté; mais on ne peut ſe diſſimuler que cette expreſſion, quelque vague qu'elle ſoit, annonce la ſoumiſſion d'un Prince inférieur : pour déterminer juſqu'où elle pouvoit s'étendre, il faudroit avoir les traités de confédération, qui n'exiſtent plus.

L'Abbé de Vertot, dans ſa *Levée de bouclier contre la Bretagne*, objecte l'hommage fait par Artur à Philippe Auguſte en 1202 : ſuivant l'acte que les Hiſtoriens en rapportent, le Duc a fait hommage-lige *contre tous ceux qui peuvent vivre & mourir, des fiefs de Bretagne, d'Anjou, du Maine & de la Touraine.*

Il eſt certain que les trois dernieres provinces étoient des fiefs de la Couronne, dont les poſſeſſeurs devoient l'hommage-lige. Mais, ſuivant Hévin, la Bretagne n'auroit pas dû être du nombre; en effet, Guillaume le Breton Chapelain de Philippe-Auguſte, dans ſon hiſtoire *de Geſtis*

Philippi-Augusti, ne fait pas mention de cette province dans le rapport qu'il fait de l'hommage qu'Artur rendit pour les trois autres. On doit obſerver que ce Prince, étant né en 1187, n'avoit que quinze ou ſeize ans en 1201. Comme il avoit tout à craindre du Roi d'Angleterre ſon oncle qui en effet le fit mourir dans la ſuite, ſa mere Conſtance l'avoit recommandé à Philippe-Auguſte; & ce jeune Prince étoit à ſa Cour, lorſqu'on lui fit rendre un hommage qui, ſelon d'Argentré, étoit d'autant plus nul, que ſa mere Conſtance propriétaire du Duché, vivoit encore.

On a auſſi objecté l'hommage que Pierre de Dreux ſurnommé Mauclerc, fit lors du traité de paix qu'il conclut avec Saint Louis en 1231, à Angers. Mais Hevin ne reſte pas ſans ſans réponſe. Pierre Mauclerc, dit-il, étoit fils puîné de Robert II Comte de Dreux, & deſcendoit de Robert I fils de Louis-le-Gros. Son patrimoine (1), ainſi que tous les biens de ſa maiſon, étoient ſitués en France. Il épouſa Alix, ſœur utérine d'Artur I, héritiere de

(1) Il étoit composé de la Fère en Tardinois, Pont-Arſy, Braye, Comte Robert, Chailly & Longjumeau.

Bretagne. Il n'avoit aucun droit de ſon chef dans ce duché. Comment le traité qu'il fit avec le Roi ſon parent, dont il étoit Vaſſal & Sujet, auroit-il pu tirer à conſéquence pour la Bretagne dont il n'étoit, ſuivant l'expreſſion de d'Argentré, que *garde & bailliſtre*, au nom de ſon fils ? Il avoit d'autant moins qualité pour diſpoſer des droits de ce duché, que ſa femme Alix étoit décédée depuis pluſieurs années, qu'il étoit même remarié en ſecondes noces & que la garde dont il étoit chargé, étoit ſur le point de finir, puiſqu'il ne s'en falloit que deux ans que ſon fils n'eût l'âge pour gouverner.

D'ailleurs, l'hommage de Pierre de Dreux, n'avoit pas pour baſe des droits, ni même des prétentions ſur la Bretagne. Ce fut uniquement l'eſprit remuant de ce Prince, qui y donna lieu. Il s'étoit ligué, avec d'autres Princes du Royaume, contre St. Louis ſur qui il avoit des prétentions relativement à ſon patrimoine. Mais ayant ſuccombé, il fut obligé de demander la paix. Par le traité qui fut fait en conſéquence, il renonça à toute prétention ſur le Roi, & promit de lui rendre hommage pour la Bretagne envers & contre tous, ſauf le Pape & l'Egliſe, conſentant que l'on pût appeller de ſon Parlement au Parlement de France, *en cas de déni de Juſtice & de faux jugement.* Le Roi s'obligea de ſon côté de l'aider, de le conſeiller, de prendre ſon parti envers & contre tous, & de lui conſerver & garder l'exercice & la poſſeſſion *de ſes droits Royaux, ſupériorités, prérogatives & Nobleſſes.*

Les termes : *ſes droits Royaux & ſupériorités*, ſignifient, dit Hévin, la Souveraineté. Et les mots : *ſolum & in ſolidum ab antiquis temporibus pertinentia*, que porte le traité, la déſignent encore plus formellement, puiſqu'ils prouvent que ces droits Royaux appartenoient au Duc ou plutôt à ſon fils, excluſivement à tout autre.

On s'eſt encore prévalu de la promeſſe que le Duc Jean le Roux fit à Saint Louis, en 1239, en ces termes : *j'ai promis & juré à Monſeigneur Louis, Roi de France, comme à Monſeigneur lige, que, dans aucun tems, je ne lui ferai la guerre ni par moi ni par autre, & que je n'adhérerai à aucun de ſes ennemis.*

Cet acte contient un cautionnement que le Duc donne pour ſûreté de ſa promeſſe ; les Juriſconſultes Bretons ſoutiennent en conſéquence que ce n'eſt qu'un traité de paix &

que, s'il étoit véritablement un hommage, ce ne feroit pas à la Bretagne qui n'y est pas dénommée, qu'il faudroit l'appliquer, mais aux terres que Jean le Roux possédoit en France, soit de son chef, soit comme mari de la fille de Thibaut, Comte de Champagne, & Roi de Navarre.

Quoi qu'il en soit, les Officiers de la Chancellerie de Bretagne firent usage de ces raisons, lorsqu'on exigea l'hommage-lige de Jean IV, dit le Vaillant. Sur le refus de ce prince, de le rendre tel, on prit le tempéramment de le recevoir en termes généraux. Les hommages de Jean IV aux Rois Charles V & Charles VI, sont ainsi que ceux des Ducs Jean V, François I, Pierre II, Artur II, & François II, en cette forme ; *tel que mes prédécesseurs, Ducs de Bretagne, l'ont fait à vos prédécesseurs* Rois de France, *je vous le fais, & non autrement*; & le Roi disoit: *je le reçois, sauf mon droit & l'autrui.* Le Duc donnoit ensuite au Roi ce que l'on appelloit alors le baiser d'honneur : & le tout se passoit sans serment de fidélité, sant quitter l'épée, debout & même sans s'incliner.

Les Ducs Artur II, & François II, ayant été interpellés d'expliquer ce qu'ils avoient voulu dire par les termes dont ils s'étoient servis, répondirent qu'ils n'avoient pas eu l'intention de faire l'hommage-lige.

Les Bretons faisoient à leur Duc un hommage bien différent ; il se rendoit en ces termes : *plus proche au Duc qu'à nul autre, contre tous ceux qui peuvent vivre & mourir.* Ce qu'ils n'auroient certainement pas fait, s'ils eussent regardé les Rois de France comme suzerains (1).

Comme les Ducs de Bretagne prouvoient que leur Etat existoit avant la Monarchie Fran-

---

(1) *Note de l'Editeur :* Cette observation ne seroit pas juste pour les tems antérieurs au quatorzieme siecle. L'anarchie féodale n'avoit pas moins été funeste à la Royauté, qu'au Peuple. Ducange prouve dans ses dissertations 13 & 14, qu'il étoit défendu, par la Loi des fiefs, aux arrieres-Vassaux, de rendre ni serment ni hommage au Seigneur dominant, ne devant reconnoître que leur Seigneur immédiat. St. Louis crut devoir déférer à cette Loi anti-monarchique par un article des établissemens qu'il publia lors de son dernier voyage en Afrique. Il y est dit que le Vassal est obligé, sous peine de confiscation de son fief, de suivre son Seigneur à la guerre, *contre le Roi même*, en cas de déni de Justice: *Voyez l'Abrégé Chronologique du Président Hainault, pag. 165 de la quatrieme édition.*

çaise, qu'il avoit eu presque toujours ses Souverains héréditaires, & qu'il ne leur avoit point été donnés *in beneficium*, comme tant d'autres fiefs démembrés de la Couronne sur la fin de la seconde race, ils se croyoient fondés à soutenir qu'ils ne devoient pas l'hommage-lige ou de fief. Ils nioient sur-tout que ce Duché fût devenu arriere-fief de la Couronne, par la cession que les Rois de France en avoient faite aux Normands.

Il est certain que les Dues de Normandie avoient des prétentions sur la Bretagne, en vertu d'anciens traités qu'ils disoient avoir passés avec la France. La maison d'Anjou étant devenue maîtresse de l'Angleterre, de la Normandie & de la Guienne, le fut aussi quelque-tems de la Bretagne, par le mariage de Geoffroy Comte d'Anjou, fils puîné de Henri Ier, Roi d'Angleterre, avec Constance fille de Conan-le-Petit Duc de Bretagne. Et le Roi d'Angleterre faisant valoir les prétentions des Normands sur ce Duché, obligea Geoffroy d'en faire hommage à Richard son frere aîné comme Duc de Normandie.

Cet hommage étoit-il dû? Les cessions vraies ou supposées qui en étoient le principe, étoient-elles légitimes? Personne n'étoit plus en état de décider cette question, que le célebre Dumoulin. Voici ce qu'il dit sur la Coutume de Paris, relativement à une cession de la même espece. « Le Seigneur qui a retenu la supériorité » du fief, ne peut transporter à un autre le » droit qu'il a sur son Vassal, c'est-à-dire, » pour nous servir du mot le plus usité, le » *Vasselage*, sans le consentement du Vassal, » quand le Seigneur seroit le Roi de France, » & quand même, ce qui est plus fort, cette » cession se feroit en vue d'obtenir la paix. » Aussi, lorsqu'après tant de guerres entre les » Rois de France & d'Angleterre, la paix » s'étant à la fin conclue, & le mariage d'I- » sabeau fille de Philippe-le-Bel avec » Edouard Roi d'Angleterre, ayant été ar- » rété, on convint que le Roi de France » céderoit & transporteroit au Roi d'Angle- » terre, tout le droit de Suzeraineté & de » Vasselage qu'il avoit sur le Duc & le duché » de Bretagne. Le Roi desiroit que cet article » fût exécuté; mais il n'en put venir à bout, » parce qu'Artur Duc de Bretagne, avec les » Grands & les autres Nobles de son duché, » refuserent d'y donner leur consentement, & » dirent que cela ne se devoit ni ne se pouvoit » faire, & qu'on ne pouvoit leur donner un

» Seigneur moins digne que celui dont ils » relevoient. On consulta là-dessus le célebre » Azon, qui répondit que cette cession ne » pouvoit avoir lieu, & sa principale raison » est prise de l'obligation mutuelle qui est entre » le patron & le client. »

Simon Marion pensoit de la même maniere; voici comme il s'exprimoit dans un plaidoyer qu'il prononça lorsqu'il étoit Avocat-Général du Parlement de Paris : « la mou- » vance immédiate du duché de Bretagne n'a » pu être abstraite de la Couronne de France, » pour la transférer aux Ducs de Normandie, » ainsi que quelquefois on l'a voulu induement » tenter (1). »

Si telle a été la décision de ces Jurisconsultes, qu'eût-ce été, s'ils eussent fait attention que la mouvance étoit contestée.

La Nation Bretonne n'avoit pas plus consenti au traité de Pierre de Dreux avec Saint Louis, qu'à ceux que la France a faits ou voulu faire différentes fois avec les Normands, aux dépens de la Bretagne. Cependant ce traité, quoique fait sans droit ni qualité, quoique ra-

(1) Plaidoyer 9, pag. 241.

dicalement nul, a eu son effet respectivement au ressort. Les Rois de France s'en sont toujours prévalu pour recevoir des appels du Parlement de Bretagne, & leur puissance supérieure à suppléé à cet égard à l'insuffisance du traité. Mais on doit observer, 1°. que ce droit de ressort, ainsi que l'hommage qui en étoit le principe, étoient une innovation, comme l'acte même le prouve en termes formels.... « quoique ni ledit Duc ni ses prédécesseurs, n'aient jamais été dans la coutume, » jusqu'à présent, de nous faire non plus qu'à » nos prédécesseurs, un pareil hommage ou » soumission, suivant la notoriété publique (1) ». Quelle idée aura-t-on d'un hommage stipulé entre deux Princes, dont l'un reconnoît qu'il ne lui a jamais été rendu, & l'autre s'y soumet sans droit ni qualité?

2°. Ce prétendu droit de ressort n'avoit lieu qu'au civil dans les cas *de faux jugement & de déni de justice* : les condamnations capitales en étoient exceptées, comme le prou-

---

(1) *Quamvis idem dux nec sui prædecessores non consueverant unquàm usquè tunc tale Homagium seu submissionem nobis nec prædecessoribus nostris fecisse ut notariè & publicè dicebatur.*

vent celles de Gilles de Rais, Maréchal de France, des de Blois Princes du ſang, & une infinité d'autres qui ont été exécutées ſans appel.

3°. Les Rois de France ont déclaré par pluſieurs lettres ou mandemens des années 1278, 1313, 1328, 1332 & 1369, que leurs ſauve-gardes n'avoient pas lieu en Bretagne, Philippe-le-Bel a reconnu en particulier qu'il ne pouvoit appeller ni évoquer les Evêques de ce Duché dans ſes Etats, que du conſentement du Duc.

4°. La Bretagne a toujours formé un état diſtinct & ſéparé de la France : elle étoit tellement étrangère à ce Royaume, qu'elle eſt encore réputée telle aujourd'hui, malgré l'union.

5°. Le traité de Pierre Mauclerc contient, comme on l'a déjà vu, une réſerve expreſſe des droits régaliens du Duché : ſi ſa ſouveraineté a été altérée par rapport à la juſtice, on ne peut nier qu'elle n'ait contiuué de ſubſiſter dans ſes autres attributs eſſentiels.

Enfin, il eſt certain, comme le dit M. le Préſident de Bedée dans ſon Mémoire concernant l'indult prétendu par le Parlement de Paris, que les Ducs de Bretagne ont toujours joui du droit de faire des loix nouvelles, & d'abroger les anciennes avec l'avis & le consentement de la Nation; de créer des Magistrats & autres Officiers de Justice, d'ennoblir, de légitimer, de naturaliser, de donner des abolitions. Ils faisoient battre monnoie, faisoient la guerre & la paix, envoyoient & recevoient des Ambassadeurs, contractoient des alliances avec tous les Souverains de l'Europe. Ils avoient la régale des Evêchés. Souvent, lors des schismes, ils ont reconnu d'autres Papes que ceux qui étoient protégés par la France. Ils envoyoient aux Conciles généraux leurs Ambassadeurs particuliers. La pragmatique sanction reçue en France, fut rejettée en Bretagne qui resta dans l'obédience du Pape. La légation de ce Duché n'avoit rien de commun avec celle de France. Le Clergé du Royaume étant assemblé à Tours en 1510, les députés de celui de Bretagne déclarerent avec protestation que leur Eglise ne devoit pas être comprise dans les convocations de celle de France, & qu'ils ne délibéreroient sur rien, qu'ils n'eussent consulté la Reine Duchesse de Bretagne & son Conseil. Enfin les Ducs usoient dans leurs chartes & diplomes, non-ſeulement de cette formule, *par la grace de Dieu*, depuis qu'elle eſt devenue une marque caractériſtique de la ſouveraineté, mais encore de ces termes; *de notre pleine puiſſance & autorité royale & ducale.* Ils ont été décorés long-temps du titre de Roi de l'aveu des Rois de France, & leur inauguration annonçoit la Royauté.

Charles VII & Louis XI ſont les ſeuls qui aient élevé des difficultés au ſujet des qualités des Ducs de Bretagne, ainſi que ſur la régale & la fabrication de la monnoie. Il y eut même une guerre à ce ſujet; mais les droits de ces Princes furent reconnus par différens accords, & notamment par un traité de paix fait à Ancenis le 10 Septembre 1468, ratifié en 1475 & 1477.

Les Rois de France ont érigé, à la vérité, la Bretagne en Pairie: voici comme M. Marion, que nous avons déjà cité, raconte le fait: « Jean II Duc de Bretagne, Prince » Souverain en ſon Etat, ſauf l'hommage & » *le reſſort civil*, voyant que les Pairs, au » ſacre des Rois, aux Etats-Généraux, en » Parlement, & quelques autres actes de ma» gnificence & de cérémonie, s'y mainte» noient; enſorte qu'il étoit contraint ou de

» se retirer ou de contendre avec eux, desira » d'être Pair, & obtint du Roi Philippe-le-» Bel une érection du Duché de Bretagne en » Pairie de France, tant pour lui que pour » ses successeurs Ducs. Toutes fois, depuis, » aucuns d'iceux, de crainte que l'hommage » de la Pairie les astreignît d'un lien plus » étroit que celui du Duché, étant interpellés » de les conjoindre ensemble, ne le voulurent » faire ; ains ayant rendu celui du Duché, s'ex-» cuserent de l'autre. «

D'Argentré rapporte qu'Yolande de Dreux, femme d'Artur II Duc de Bretagne, s'opposa à l'érection en Pairie, de crainte qu'on n'en tirât avantage contr'elle & ses descendans dans la succession du Duché, que Philippe-le-Bel reçut son opposition, & lui donna sa Déclaration en 1303, portant que l'érection en Pairie ne pourroit lui faire préjudice. Le même historien ajoute que Charles de Blois & Jeanne de Bretagne sa femme, répondant à Jean de Montfort qui prétendoit que la Bretagne ayant été érigée en Pairie lui appartenoit en qualité de mâle, représenterent que la Pairie n'étant qu'une qualité accidentelle au Duché qui subsistoit long-temps auparavant, elle n'en avoit pu changer ni altérer la condition primitive.

D'après cela, il n'est pas surprenant que les Ducs de Bretagne n'aient jamais pris la qualité de Pairs de France; ils ne crurent pas même devoir faire enregistrer leurs lettres à la Cour des Pairs.

Au reste, cette érection en pairie n'a pas plus porté atteinte à la souveraineté des Ducs de Bretagne, que les dignités de Consul & de Patrice que plusieurs Rois (1) ont reçues des Empereurs, n'ont nui à leurs prérogatives. C'est le cas de dire, avec Jean de Dormans Cardinal & Chancelier de France : *On n'est pas privé d'une dignité que l'on a par une dignité que l'on nous donne; & cela est vrai*, ajoute-t-il, *sur-tout par rapport au Roi de Bretagne, qui, en se soumettant au Roi de France, a réservé ses droits royaux & ses autres noblesses* (2).

Ainsi le Duc François II disoit avec raison, que *de ses droits royaux, souveraineté & noblesses, & non à autre en son pays & Duché de Bretagne, il lui appartenoit de créer, ordonner*

(1) Tels sont Pepin, Carloman & Charlemagne lui-même, avant qu'il parvînt à l'empire.

(2) Songe du Vergier.

& instituer ceux de ses sujets que bon lui sembloit, & qui bien le méritoient, en Comtes, Barons & autres grands dégrés & états de Noblesse, pour lui servir & au bien de la chose publique, dont il étoit Seigneur.

Il est certain que les Ducs de Bretagne avoient presque tous les droits qui constituent la royauté ; mais il n'est pas moins vrai que leur souveraineté étoit modifiée & limitée par les droits ou prétentions des Rois de France, & sur-tout par leur puissance supérieure.

François II mourut, laissant pour héritière du Duché Anne de Bretagne sa fille. Cette Princesse étoit mineure. Charles VII crut l'occasion favorable pour s'emparer de ses Etats.

Elle avoit en sa faveur les droits du sang & les vœux de la Nation, qui lui avoit juré fidélité même du vivant de son pere.

Son adversaire se prévaloit de son côté, entr'autres prétentions, des droits que Louis XI avoit achetés 50,000 livres, de Nicole de Bretagne, droits que Charles de Blois bisaïeul de cette Princesse, avoit perdus avec la vie en combattant contre Jean de Montfort. Charles VIII tenta d'abord de les faire revivre par la force des armes : il s'étoit déjà emparé de Nantes & de Guingamp ; mais il pensa que le plus sûr moyen d'unir la Bretagne à la Couronne, étoit d'en épouser l'héritiere. Sur la proposition qu'il lui en fit faire, elle déclara qu'elle n'épouseroit point un Prince qui lui faisoit une guerre injuste, ravageoit ses Etats, & vouloit la dépouiller de l'héritage de ses peres. D'ailleurs, elle regardoit comme son époux le Roi des Romains, Maximilien qui l'avoit épousée par Procureur. Sa piété & sa conscience n'augmentoient pas peu sa répugnance pour la nouvelle alliance qu'on lui proposoit. Mais la Bretagne étoit inondée de Français. La Duchesse étoit assiégée dans sa Capitale. Les Rois d'Angleterre & de Castille s'étoient ligués en sa faveur; mais les secours qu'ils avoient promis ne paroissoient point. Elle fut obligée de céder aux circonstances : le mariage fut conclu.

Le contrat se ressent de l'état de détresse où se trouvoit Anne de Bretagne. Charles VIII & la Duchesse se firent une cession réciproque des droits qu'elle avoit, & de ceux qu'il prétendoit avoir sur le Duché : elle s'engagea de plus, si le roi venoit à mourir avant elle, à ne convoler en secondes noces qu'avec son successeur ou le présomptif héritier de la Couronne.

Charles VIII (1) mourut, & la Reine épousa effectivement l'héritier du Trône. Mais elle traita plus avantageusement avec lui. Par le contrat de mariage passé au Château de Nantes, dans le mois de Janvier 1498, elle lui fit la même donation qu'à son Prédécesseur; mais pour se conformer aux vœux de ses sujets, elle stipula que s'il naissoit deux Princes, le puîné seroit Duc de Bretagne; que s'ils n'en avoient qu'un, le Duché appartiendroit au second des enfans qui naîtroient de lui; & que s'ils n'avoient point de postérité, la Province retourneroit aux héritiers collatéraux de la Reine.

On voit quel étoit l'objet de cette convention; mais la Reine ne s'y borna pas. Par un traité particulier du même jour que le contrat de mariage, Louis XII accorda qu'il ne seroit

---

(1) Par lettres du 7 Juillet 1492, Charles VIII avoit accordé aux Bretons, sur la remontrance des trois Etats, différens articles, du nombre desquels est le suivant: « *Item*, nous avons déclaré & dé- » clarons que notre vouloir & intention n'est pas » de lever & faire lever dorénavant aucuns foua- » ges, aides ou subsides, sur les Sujets dudit pays » & duché de Bretagne, sinon ainsi & par la forme » & maniere que les Ducs de Bretagne ont accou- » tumé de faire le tems passé. » *Preuves de Dom Morice, tom. III, col.* 729.

rien innové au Gouvernement de la Bretagne; qu'elle feroit gouvernée de la même manière qu'elle l'avoit été fous les Ducs, tant pour ce qui regarderoit l'Eglife, que pour ce qui concernoit la Juftice, comme la Chancellerie, le Confeil, le Parlement (1), la Chambre des Comptes & la Tréforerie.

Que la Province feroit maintenue dans les mêmes droits, priviléges, franchifes & immunités dont elle jouiffoit fous les Ducs.

Que le Roi ne feroit aucun changement dans les offices & parmi les Officiers, & qu'il laifferoit les chofes telles qu'elles avoient été réglées par la Reine du temps de Charles VIII.

Que la Reine nommeroit aux offices qui vaqueroient, & que les lettres en feroient expédiées par la Chancellerie de Bretagne.

Que les Etats feroient chargés comme auparavant de la levée des fouages & autres fubfides.

Que les Bretons ne feroient point ajournés hors de la Province en premiere inftance, mais

(1) Il s'agit ici de la Cour de Juftice, que le Duc François II avoit créée en 1485, fous le nom de *grands jours*, & que le Roi Henri II a fupprimée en 1553, comme on le verra par la fuite.

ſeulement par appel ; & dans les deux cas de *déni de juſtice & de faux jugemens.*

Que la Nobleſſe ne ſeroit point obligée de ſervir dans les armées du Roi, hors la Bretagne, à moins que ce ne fût dans une extrême néceſſité, & ſeulement du conſentement de la Reine & des Etats.

Que le Roi prendroit dans ſes titres celui de Duc de Bretagne, & qu'il feroit battre monnoie d'or & d'argent ſous ſon nom & celui de la Reine.

Que les bénéſices ſeroient donnés aux naturels du pays, à moins qu'il ne plût à la Reine d'y nommer des étrangers.

Enſin, que le Roi écriroit au Pape pour l'engager à ſe déſiſter de la nomination qu'il avoit faite de Jean d'Epinai, à l'évêché de Nantes, au préjudice de Guillaume Guéguen élu par le Chapitre.

En ſignant cet acte, Louis XII le termina par la diſpoſition ſuivante : *Leſquelles choſes nous accordons, voulons, promettons & jurons par ces préſentes ſignées de notre main, en foi & parole de Roi, tenir & accomplir, ſans venir à l'encontre.*

La Reine, en mourant, ne laiſſa que des filles. Claude de France, Propriétaire du Duché du chef de sa mere, & épouse du Roi François I, avoit deux fils. Suivant le contrat de la Reine Anne, la Bretagne devoit appartenir au Duc d'Orléans, & ce Prince pouvoit causer à la France les mêmes embarras que les anciens Ducs. Il étoit même à craindre que la Province ne tombât, faute d'héritiers, aux descendans du Vicomte de Rohan & de Marie de Bretagne, fille du Duc François I. Le Roi qui n'ignoroit pas ces conséquences, engagea la Reine à conférer au Dauphin, par son testament, le titre de Duc de Bretagne.

Quoique les Bretons ne fussent pas contens de cet arrangement qui les privoit de l'espérance d'être gouvernés par un Prince particulier, ils souhaitoient que leur nouveau Souverain vînt prendre possession du Duché. Le Roi y consentit; mais avant que le Dauphin allât en Bretagne, il voulut que cette Province fût irrévocablement unie à la Couronne.

François Ier n'ignoroit pas la conquête de Charlemagne, l'insurrection de Néomene, & les traités & hommages rendus par les Ducs de Bretagne à ses Prédécesseurs; cependant, il ne crut pas devoir réclamer la consolidation. Il jugea sans doute que les hommages & traités que les Ducs avoient faits de gré ou de force, n'avoient pu lier leurs ſujets qui n'y étoient pas intervenus : peut-être auſſi penſa-t-il que l'union qu'il avoit en vue ſeroit d'autant plus ſolide, qu'elle ſeroit cimentée par le conſentement d'un peuple libre. Il prit le parti de convoquer les Etats à Vannes; & pour donner plus de force aux raiſons des Membres de l'Aſſemblée dont il avoit les ſuffrages, il vint lui-même, avec le Chancelier Duprat, à Château-Briant. On y tint pluſieurs conſeils pour trouver les moyens de lever les difficultés que l'on prévoyoit. Après pluſieurs conférences, on s'arrêta à l'expédient d'engager les Etats à demander eux-mêmes au Roi l'union perpétuelle du Duché à la Couronne de France.

Les Etats étant aſſemblés, le Commiſſaire du Roi propoſa d'abord l'affaire de l'union. Pluſieurs Membres déclarerent hautement que ce projet tendoit à la ruine de la Bretagne dont les droits ſeroient bientôt mépriſés, les Peuples vexés, la Nobleſſe attirée hors de la Province, & les bénéfices conférés à des étrangers (1).

Ceux qui étoient pour l'union, repréſente-

(1) Voyez l'Hiſtoire de France, par le Pere Daniel, & ſur-tout l'Hiſtoire de Bretagne, par Dom Morice, tom. II, pag. 252 & 253.

rent

rent à leur tour que l'exécution de ce projet, étoit le seul moyen de procurer à la Bretagne une paix solide & durable; qu'il ne falloit point l'espérer, tant qu'il y auroit des Souverains particuliers ; que l'expérience du passé étoit une leçon pour l'avenir; que les Ducs avoient toujours eu la guerre soit avec la France, soit avec l'Angleterre; que la Bretagne avoit été mille fois ravagée, par le fer & par le feu; que si l'on s'obstinoit à en disputer au Roi la possession, elle devoit s'attendre à être bientôt en proie aux François & aux Anglois : qu'au contraire, son union avec la France lui procureroit une paix perpétuelle, puisqu'elle seroit mise à l'abri de toute hostilité, d'un côté par la mer, & de l'autre par les François ; que, si elle craignoit pour ses droits, franchises & libertés, elle pouvoit prendre des mesures pour leur conservation, & que le Roi s'y prêteroit volontiers.

Ces raisons entraînerent la pluralité, & les Etats consentirent à l'union. Mais lorsqu'on leur proposa de la demander eux-mêmes, il s'éleva un grand bruit dans l'assemblée. Plusieurs dirent qu'il étoit étrange qu'on leur proposât d'aller eux-mêmes au-devant du joug qu'on vouloit leur imposer, & de demander comme une grace la perte de leur liberté & la ruine de leur Province.

Lorſque cette effervefcence fut calmée, on réfléchit ſans doute, qu'il valoit mieux ſe donner un Roi que de recevoir un maître; que ſi les Etats demandoient eux-mêmes l'union, leur conſentement paroîtroit auſſi libre qu'il devoit l'être; qu'ainſi la propoſition que François premier leur en avoit faite, pouvoit être conſidérée comme un hommage qu'il rendoit à leur liberté.

Quoi qu'il en ſoit, on préſenta une requête qui portoit en titre: *au Roi notre ſouverain Seigneur, uſufructuaire de ce pays & Duché de Bretagne, pere & légitime Adminiſtrateur de Monſeigneur le Dauphin, Duc & Seigneur propriétaire dudit duché.* On requéroit qu'il plût à Sa Majeſté de permettre que M. le Dauphin fît ſon entrée à Rennes comme Duc & propriétaire du Duché; que tout ce qui avoit été fait à cet égard ſans le conſentement des Etats fût caſſé & annullé: que l'uſufruit & l'adminiſtration du duché fuſſent réſervés au Roi: qu'il lui plût de *l'unir & joindre par union perpétuelle* à la Couronne de France, pour anéantir toute ſemence de guerre & de diviſion; à condition néanmoins que le Roi conſerveroit les droits, libertés & priviléges de la Province, comme ſes prédéceſſeurs Rois de France & Ducs de Bretagne avoient fait juſqu'alors par leurs chartes & autrement, & que M. le Dauphin en feroit le ſerment à ſon entrée.

François Ier. accorda toutes ces demandes. Le Dauphin ayant fait ſon entrée dans la Capitale de la Province, ſcella la parole de ſon auguſte Pere, par la religion du ſerment (1), conformément à la réquiſition des Etats, au conſentement du Roi, & à l'uſage obſervé au courônnement des anciens ſouverains de la Bretagne : il jura d'abord entre les mains de l'Evêque de Rennes, qu'il conſerveroit les droits des Egliſes, & enſuite entre les mains du Sire de Châteaubriant, qu'il ne porteroit jamais atteinte *aux droits, priviléges & anciennes libertés de la province.*

Le traité d'*union* en forme d'Edit (2) du mois

---

(1) Le Dauphin fut couronné ſous le nom de François III, le 14 d'Août 1532.

(2) Cet Edit ſuffiroit pour répondre à M. le Préſident Hainault, qui dit ſous l'année 912 ; « les » Normands, toujours attirés par le butin, ne ceſ- » ſerent de rentrer en France, où ils faiſoient de » nouveaux ravages. Charles-le-Simple touché des

d'Août 1532, fut enregiſtré au Parlement de Paris le 21 Septembre, & au Conſeil de Bre-

---

» repréſentations de ſes Peuples, qui vouloient la » paix à quelque prix que ce fût, ſe réſout enfin à » conclure à Saint-Clair-ſur-Epte ce fameux traité, » par lequel il donne à Rollon, le chef de ces » barbares, ſa fille Giſelle en mariage, avec la par- » tie de la Neuſtrie dite depuis de leur nom Nor- » mandie dont il fut le premier Duc, ſous la con- » dition qu'il en feroit hommage. Rollon exigea en- » core qu'on lui cédât la Seigneurie directe & im- » médiate de la Bretagne, ſous la ſouveraineté de » la Couronne de France dont par ce traité elle » devint un arriere-fief. Mais la Bretagne ayant » depuis été érigée en Duché-Pairie par Philippe- » le-Bel en faveur de Jean II, en 1297, elle ceſſa, » ſuivant la nature des Pairies, d'être un arriere- » fief de la Couronne, & ne releva plus du Roi » à cauſe de la Normandie, mais à cauſe de la » Couronne ».

On trouvera ſans doute ſingulier que M. le Préſident Hainault faſſe reprendre, par une ſimple érection en Pairie, une Seigneurie directe, cédée par un traité. Et ce même traité, que l'on qualifie de *fameux*, & dont on parle comme s'il exiſtoit, n'exiſte plus. « *Il nous a été ravi*, dit l'Abbé de Vertot, » *par l'injure des tems* : on n'en connoît la prétendue » teneur, que par ce qu'en a dit Dudon Abbé de » St.Quentin ». Et celui-ci, ſuivant Voſſius, *ſcripſit*

tagne le 8 Décembre suivant, & par lettres des mois d'Août & de Septembre de la même an-

---

poeticâ magis quàm historicâ fide, adeò multas fabulas inferit.

M. le Président Hainault avoit dit auparavant, pag. 73, sous l'année 636 . . . : « Saint-Eloi engage » Judicaël Prince des Bretons, à faire au Roi sa- » tisfaction des courses qu'ils avoient faites sur les » frontieres, & à *le reconnoître pour son Seigneur* ».

Ainsi, voilà le féodalisme établi en France dès 636, suivant M. le Président Hainault, qui va bientôt dire, & même prouver le contraire. Voici comme il s'exprime, deux pages après; « Hugues-le-Grand » ne veut pas être Roi de France; & Raoul Duc » de Bourgogne son beau-frere, est élu Roi. Raoul » est obligé, pour gagner les Grands, de leur donner » plusieurs domaines. *On peut rapporter à cette époque* » *l'établissement des fiefs* ».

Si les fiefs n'ont été établis que sous le regne de Raoul, lequel commença en 923, comment la Bretagne auroit-elle pu être un fief de la Couronne dès 626.

Au surplus, on a vu ci-devant pag. 6 & 7, ce que plusieurs Auteurs ont dit de l'entretien de Judicaël avec Dagobert. Saint - Oüen Chancelier de France, témoin oculaire de la plupart des faits qu'il rapporte, est celui dont le témoignage est le plus digne de foi. « Eloi, dit-il, prié par le Roi d'aller en » ambassade en Bretagne, se rendit auprès du » Prince des Bretons, négocia la paix, & reçut des née, les Bretons furent confirmés dans les droits, franchises & libertés, dont ils avoient *chartes anciennes & jouissance immémorable.*

» otages du traité : de cette maniere, au lieu des » différends, & de la guerre que beaucoup de gens » s'imaginoient qu'il devoit y avoir entre le Roi & » le Prince Breton, l'Evêque sut manier celui-ci » avec tant de douceur, qu'il lui persuada aisément » de faire le voyage de la Cour avec lui. Après avoir » donc passé quelque tems en Bretagne, Eloi s'en » retourna, & emmena le Roi des Bretons, ac- » compagné d'un grand nombre des siens ; le pré- » senta au Roi à Crioïl, maison royale, & fit con- » firmer la paix entr'eux. Le Breton fit de grands » présens au Roi ; mais le Roi lui en fit de plus » considérables, quand il prit congé pour s'en re- » tourner en Bretagne «. Si, comme le dit M. le Président Hainault, Judicaël avoit reconnu en cette occasion le Roi Dagobert pour son Seigneur ; ou du moins s'il lui avoit fait serment de fidélité, le Chancelier de France qui sans doute étoit présent à l'entrevue, n'auroit pas manqué d'en parler.

CHAPITRE II.

Des droits, franchises & libertés des Bretons.

L'ANCIEN gouvernement de la Bretagne étoit mixte : c'étoit, dit d'Argentrée (1), *une Monarchie mêlée d'Aristocratie & de Démocratie.* En effet, ses souverains Rois, Comtes ou Ducs prenoient l'avis & le consentement de la Nation ou de ses Représentans, pour tout ce qui avoit rapport à l'ordre Public.

Le Roi Salomon avoit fait vœu d'aller à Rome. Ses Sujets ne furent pas d'avis qu'il quittât ses Etats, dans la crainte que les Normands ne fissent quelque irruption pendant son absence. Il envoya des présens au Pape avec une lettre, où il lui faisoit part de son vœu, & de l'impossibilité où il étoit de l'exécuter en personne, *par le défaut de consentement de ses Sujets.*

Le Privilége que le Roi Héruspée accorda

(1) Hist. pag. 294 de la troisieme édition.

aux Moines de Redon, d'élire leurs Abbés, est donné *avec l'avis & le consentement des Evêques, & de plusieurs Nobles de Bretagne.* La donation du Monastere de Saint-Serge, faite à Raimond Evêque d'Angers, par le Duc Alain le Grand, *fut ratifiée par ses enfans & par ses Sujets.* La Chartre que le Duc Alain III fit dresser pour confirmer toutes les donations faites au Mont-Saint-Michel par ses Prédecesseurs, est donnée *du consentement de ses principaux Sujets & souscrite de leurs noms.*

En 1205 Gui de Thoars Comte de Bretagne, donna une terre pour y transférer l'Abbaye de Villeneuve où la Comtesse Constance son épouse avoit sa sépulture ; cette donation se fit *de l'avis & de l'assentiment des Evêques, des Barons, des Vavasseurs & des autres hommes de Bretagne.*

Le Duc Jean IV qui vainquit Charles de Blois près d'Aurai, fonda le Chapitre de Saint Michel-du-Champ, & fit bâtir une Eglise dans le lieu même où la bataille avoit été donnée. Il assigna à chaque Chanoine 600 liv. de rente pour leur subsistance, *avec le consentement des Prélats & des Barons.* Mais craignant que ce consentement ne suffît pas, & que sa fondation ne fût annullée dans la suite, sous prétexte de quelque défaut de formalité, il la fit ratifier par le Parlement tenu à Ploërmel en 1395.

L'assise du Comte Geoffreoi pour l'impartabilité des Baronnies & des Fiefs de Chevalerie, fut faite à la demande & *de l'assentiment des Evêques & des Barons de Bretagne.*

Le Duc Jean le Roux chassa les Juifs de ses Etats, à la *demande des Evêques, des Abbés, des Barons, & des Vassaux de Bretagne.*

Si le changement de bail en rachat fut fait sans l'avis & le consentement des Barons, c'est que le Duc n'usa dans cette occasion de son autorité législative, que par rapport à ses domaines; mais il permit aux Barons d'établir la même loi dans leurs Seigneuries, s'ils le jugeoient à propos, & que leurs Vassaux y consentissent: *e volons que les Barons e leurs heirs puissent faire autre telle convenance o leurs homes, se ils en sont d'un gré entre eux e lors homes, sauve notre obéissance en toutes choses.*

Le traité d'alliance fait en 1379 entre Richard Roi d'Angleterre & Jean IV Duc de Bretagne, fut approuvé, consenti & juré par les Prélats & Barons de Bretagne &

d'Angleterre. La ratification des Bretons est conçue en ces termes : *Et nous, N. N., sujets & obéïssans dudit Duc, notre Sire, avons veus & entendus les articles dessus dits, auxquels, de nos franches & libérales volontés & de l'assent dudit Duc notre Sire, por nos & nos hoirs & successeurs, nous agréons & assentons & les avons jurés & promis*, &c.

Le douaire assigné en 1396 par le même Duc à Jeanne de Navarre, son épouse, fut approuvé & consenti en ces termes : *Eue sur ce mure délibération & advis de nos Prélats, Barons & autres Gens notables de notre grand Conseil, & du consentement exprès desdits Prélats & Barons, avons ordonné, baillé & assigné à notredite compagne pour son douaire*, les choses ci déclarées, &c.

Jean IV, étant mort trois ans après, la Duchesse craignit qu'il n'arrivât quelques troubles pendant la minorité de ses enfans ; elle prit le parti de traiter avec le Comte de Penthièvre, le Connétable de Clisson & le Vicomte de Rohan. Comme ce traité intéressoit le public, elle le fit *par le Conseil, avisement & assentiment des Prélats & Barons du Pays*.

L'Arrêt de 1420 contre les Penthievres, coupables d'attentat envers la personne du Duc Jean V & celle de Richard son frere, fut rendu *sur l'avisement & mures délibérations des Etats, le Duc séant en son général Parlement, présens Prélats, Barons, Chevaliers, Ecuyers & autres dudit Parlement.*

L'ambassade solemnelle que le même Duc envoya en 1422, vers les Rois de France & d'Angleterre, pour adhérer au traité de paix fait entre ces deux Souverains, fut réglée sur l'*avisement, conseil & délibération des Prélats, Barons, Bannerets, Chevaliers, Bacheliers, Ecuyers & autres Gens notables de Bretagne.*

Le mariage de Marguerite de Bretagne, fille aînée du Duc François premier, avec le Comte d'Estampes présomptif héritier du Duché de Bretagne, fut fait au Parlement tenu à Vannes en 1455, *présens, conseillans & consentans Prélats, Barons & autres des Etats dudit Parlement.*

Le traité de paix fait à Senlis en 1475, entre le Roi Louis XI & le Duc François II, fut *confirmé, loué, ratifié, consenti & approuvé par les Prélats, Barons, Bannerets, Bacheliers, Chevaliers & Ecuyers, Gens de Chapitres*

& des bonnes Villes, assemblés pour cet effet en l'Abbaye de Redon.

Dans l'acte de cession faite par Nicole de Bretagne au Roi Louis XI, il est dit que le mariage de Jeanne de Bretagne fille & héritiere de M. Guy de Bretagne Comte de Penthievre, avec Charles de Blois, *avoit été conclu par l'avis & délibération des Barons & Seigneurs de Bretagne & avec le consentement & autorité de Philippe de Valois.*

Le rétablissement des Baronnies de Lanvaux & d'Avaugour en faveur de Louis de Rohan Seigneur de Guémené, & de François bâtard de Bretagne, fut fait *de l'avis, conseil & délibération des Princes du Sang, des Prélats, Barons, Bannerets, Bacheliers, Chevaliers, Ecuyers, Gens de Chapitres, & des bonnes Villes du Pays, représentans les Etats d'icelui.*

Enfin, le Parlement nommé *les Grands Jours*, fut créé en 1485, par *l'avis & délibération des Princes du Sang, des Prélats, Barons & Gens des Etats pour ce mandés & convoqués.*

L'avis & le consentement des Représentans de la Nation, étoient sur-tout nécessaires lorsque les Ducs vouloient établir quelque impôt. Pierre Mauclerc Prince aussi inconsidéré que peu équitable; étant étranger à l'égard des

Bretons, se crut dispensé de consulter leurs Loix. Son entreprise & l'opposition qu'il y trouva, sont racontées, par d'Argentré, en ces termes..... »Le Duc Pierre entra en grande » combustion avec les Barons & Sujets, car ayant » pris le gouvernement & bail au nom de son fils, » il entreprit de lever de nouveau & contre l'Etat » ancien, plusieurs impositions sur les Mar- » chandises aux ports de mer; chose qui dé- » plut à merveille aux Barons & Seigneurs du » Pays, lesquels se rangerent contre lui, em- » pêchant l'exécution desdites levées de deniers » imposés, comme chose faite de nouveau *au* » *préjudice des droits, libertés & franchises du* » *pays* & des Etats de l'Eglise & de la No- » blesse, lesquels s'opposerent si vivement, qu'il » ne put venir à son intention. «

La loi du consentement, en matiere d'impôts & de finance, n'admettoit aucune exception; elle étoit observée dans les cas les plus légers comme dans les plus importans. En voici quelques exemples.

Un droit de septieme denier étoit levé sous l'autorité du Duc par ses Sergens féodés en sus des taux & amendes dont ils faisoient la recette dans les Bailliages & Senéchaussées: les Etats assemblés s'opposerent à cette levée;

& de ce moment, les Sergens féodés obligés de la cesser, représenterent au Duc Pierre II, qu'ils n'avoient point d'autre salaire ; ce qui le détermina à rendre une Ordonnance en leur faveur, le 18 Janvier 1451, qui contient deux dispositions : dans la premiere le Duc déclare..... » Voulons que chacun dedits Ser» gens féodés jouissent du septième denier de » nos taux & admendes en son Bailliage, nonobs» tant nos constitutions de Parlement «. Dans la seconde, il donna cette explication & reconnoissance..... » sauf toutefois que celui sep» tieme, *en entretenant & obéissant à nosdites » constitutions*, se prendra & sera rabattu aux» dits Sergens, sur les deniers desdits taux » nous appartenans, en attendant & *jusqu'à » ce que nous par autre tems & en notre Par» lement général, nos Etats assemblés aient sur » ce autrement & finalement ordonné & déclaré » l'interprétation de ladite constitution.* »

En 1485, le Duc François II avoit assujetti à des taxes & amendes les Marchands qui contrevenoient aux Réglemens de la Police, en vendant les marchandises & denrées à un prix excessif : quoique ce ne fût point là une levée universelle, il ne la fit qu'après qu'elle eût été consentie dans l'Assemblée des

Etats; & comme le Vicomte de Rohan n'y avoit pas assisté, le Duc n'en fit la levée dans le territoire de ce Seigneur, qu'après lui avoir donné des lettres de non-préjudice, où il déclaroit qu'elle n'avoit lieu, que parce qu'elle étoit établie *dans le derrain Parlement, par avis & délibération, & en présence des Prélats, Barons & Etats.*

Trois autres faits des années 1459, 1463 & 1468 sont autant d'hommages rendus par le Duc François II à la même loi.

Il y avoit en 1459 trois Duchesses Douairieres en Bretagne, Isabeau, Françoise & Catherine, dont les douaires étoient fort à charge au Duc, & le mettoient dans la nécessité de lever de nouveaux subsides; il déclara aux Etats assemblés à Vannes, que *les circonstances lui faisoient desirer la continuation de quelques anciennes impositions, mais qu'elles ne pouvoient avoir lieu sans leur consentement, & qu'elles cesseroient l'an révolu, s'il ne plaisoit aux Etats de les continuer.*

Le Duc ne se borna pas a cette déclaration; il en délivra des *lettres authentiques*, qu'il déposa entre les mains de l'Evêque de Saint Brienne, & des Sires de Maletroit & de Quintin.

En 1463, la situation des affaires ayant obligé de mettre un impôt, non-seulement sur les boissons du pays, mais encore sur les vins étrangers; le Duc fit la même déclaration qu'en 1459, & fit expédier à ce sujet, le 24 de Juin, des lettres authentiques dont il donna la garde au Comte de Laval.

Le Duc François II répeta encore en 1468 aux Etats assemblés à Nantes, que *les impositions ne pouvoient se faire que du consentement des Etats.*

Tels étoient les droits constitutionnels de la Bretagne sous le gouvernement de ses anciens Souverains, lorsqu'Anne de Bretagne épousa successivement les Rois Charles VIII, & Louis XII; ces deux Princes promirent solemnellement *qu'aucuns aides ou subsides ne seroient levés en Bretagne sans convoquer l'assemblée des Etats dans la forme accoutumée.*

En effet Charles VIII convoqua les Etats à Nantes en 1492, pour leur demander un fouage tel qu'ils pourroient l'accorder, & un impôt sur les boissons des villes non contribuables aux fouages.

Louis XII, obligé d'entretenir trois armées, tant pour résister à ses ennemis que pour recouvrer le Duché de Milan & le Royaume de Naples,

Naples, fit les mêmes demandes en 1504, aux Etats assemblés dans la même ville.

Comme à l'extinction de la branche des Valois, la Bretagne pouvoit rentrer dans sa premiere indépendance, elle fut unie, comme on l'a déjà dit, à la Couronne. L'Edit du mois d'Aout 1532, qui, par les vœux réciproques de la Bretagne & de la France, forma les nœuds d'une union perpétuelle, assura en même tems que les droits constitutionnels de la Bretagne en seroient éternellement inséparables.... « Voulons que les droits & » privilèges que ceux dudit pays & Duché » ont eu ci-devant, & ont de présent, leur » soient gardés & observés *inviolablement, sans* » *y rien changer ni innover*, dont avons ordonné » & ordonnons lettres-patentes en forme de » Chartres, leur être expédiées & délivrées ».

Les lettres-patentes qui furent expédiées au mois de Septembre, & enregistrées au mois d'Octobre de la même année, réferent d'un côté la représentation des Etats *qu'aucune somme de deniers ne leur pourroit être imposée, si elle ne leur avoit été demandée, & par eux octroyée ;* de l'autre l'assurance du Roi la plus formelle d'avoir non-seulement la volonté de leur confirmer ces droits & libertés, mais le desir même de les augmenter.... « Avons confirmé & » agréé, agréons & confirmons lesdits pri» viléges lesquels, en tant que besoin seroit, » leur avons donné & donnons de nouveau, » *pour jouir pleinement & entiérement du droit* » *de ne voir imposer aucune somme de deniers* » *qu'elle n'ait été demandée aux Etats, & par* » *eux octroyée* ».

Cette disposition a été confirmée par un édit d'Henri III, du mois de juin 1579, en ces termes : « à ce qu'*aucune* commission pour » lever deniers extraordinairement ou autres » innovations à l'Etat dudit pays, *pour quel-* » *que couleur que ce soit*, ne soient exécutées, » qu'elles n'aient été préalablement *vues, déli-* » *bérées & consenties* par les Etats généraux » du pays, suivant leurs anciens priviléges ; » avons ordonné & ordonnons que les formes » anciennes seront gardées & observées, & les » sujets dudit pays conservés en leurs privi- » léges & libertés ».

Mais envain le Prince n'auroit pu établir d'impôt sans le consentement de la Nation, si elle n'avoit pas eu une voie légale pour s'opposer aux impôts non consentis : Henri III traça cette voie par le même édit, en ces termes : « avenant qu'il se présente aucunes » Lettres ou Edits en la Cour de Parlement

» ou ailleurs, préjudiciant aux libertés du
» pays, les états d'iceux ou leur Procureur
» Syndic *pourront se pourvoir par opposition*
» & voies accoutumées à bons & loyaux su-
» jets, permises en justice, *nonobstant tout ce*
» *qui pourroit avoir été fait au contraire* ».

Depuis cet Edit, les droits, franchises & libertés de la Bretagne ont été reconnus & confirmés jusqu'à présent dans les contrats que les Commissaires du Roi passent à chaque tenue d'Etats avec cette Province. Celui qu'ils signerent au nom de S. M. en 1628, contient trois dispositions qui méritent d'être rapportées.

La premiere eut pour cause un nouvel impôt de 32 sous par cent aunes de toiles sortant de la province, par mer & par terre. Les Etats qui ne l'avoient pas consenti en demanderent la suppression ; les Commissaires du Roi ne se bornerent pas à promettre de s'employer pour l'obtenir ; ils accorderent la surséance de l'Edit de création, & en arrêterent l'exécution, jusqu'à ce que les Députés des Etats eussent été entendus ; ils le furent, & bientôt la levée surcise fut défendue.

Les Traitans avoient fait comprendre la Prevôté de Nantes dans la ferme des autres traites du Royaume, afin de la soustraire à la surveillance des Etats. Ceux-ci en reclamerent la distraction, & par la seconde des dispositions dont il s'agit, les Commissaires du Roi la consentirent sous le bon plaisir de Sa Majesté.

Par la troisieme, les Commissaires du Roi accordèrent qu'il ne pourroit être employé dans le bail de la Prevôté de Nantes d'autres devoirs, soit par nouvelle introduction ou par augmentation des anciens, & en cas qu'il y en auroit de nouveaux introduits, qu'ils *demeurent dès à présent* révoqués & distraits du bail.

Ce n'est pas tout : il avoit été imposé sur les drogueries & épiceries, à leur entrée dans les ports du Royaume, de nouveaux droits dont la levée ne se faisoit point en Bretagne, parce que les Etats ne l'avoient pas consentie. Les fermiers imaginerent de détourner ces marchandises des ports de la Province, & obtinrent des lettres patentes, conformes à leurs vues. Les Etats s'en plaignirent, & leur plainte fut le motif de l'article 2 de l'Edit de 1579, qui révoqua ces lettres patentes, en ce qu'elles permettoient l'entrée des drogueries & épiceries par d'autres lieux que ceux indiqués dans les anciennes ordonnances. *N'entendons*, dit Henri III, *que nos sujets de Bretagne soient, par ci-après, empêchés pour le fait desdites drogueries, épiceries... Voulons qu'ils en jouissent comme ils ont fait par le passé, sans aucun abus.*

Dans les années 1653, 1655, 1657 & 1659, on créa plusieurs droits de traites, l'un de trois livres par tonneau de vin déchargé au port de Lannion, un autre de trois livres par tonneau de bled au port de Saint-Brieux, un autre au port de Dinard, un autre sur les toiles de Morlaix, &c. Tous ces nouveaux droits de traites exciterent les représentations des Etats, parce qu'ils n'avoient point été délibérés ni consentis dans les assemblées, & elles produisirent leur effet, comme le prouvent les contrats de 1653, 1655, 1657 & 1659... « Accordent les Commissaires du Roi la révo- » cation du devoir d'un écu par tonneau de vin » déchargé au Havre de Lannion, & de la » taxe faite sur les marchandises de bled en » la ville de Saint-Brieux : accordent qu'il ne « se fera aucune imposition sur les toiles & » autres marchandises en la ville de Morlaix, » au port de Dinard, ports & passages de la » Province, sous quelques prétextes que ce » soit, sans le consentement des Etats ».

Les Etats remontrerent au Roi en 1663, qu'un arrêt du Conseil du 3 octobre de l'année précédente attaquoit leur constitution, en ajoutant aux anciens droits de la Prevôté 30 sous par tonneau de vin amené par mer, & déchargé au terroir du Croizic, 8 sous par tonneau de vin breton, 16 sous par tonneau de gros bled sortant de la Province. Leurs représentations furent trouvées justes ; le Roi autorisa ses Commissaires à surseoir l'effet de l'arrêt du 3 octobre 1662. La surséance en fut accordée par une clause expresse du contrat de 1663, & cette clause a passé dans tous les autres contrats qui se sont faits dans la suite. Dans tous il est dit que, *pour quelque cause ou prétexte que ce soit, il ne sera fait aucune levée de deniers, dans la Province, sans le consentement exprès des Etats.* Dans tous il est stipulé, *que les édits, déclarations, arrêts du Conseil, quoique donnés pour le général du Royaume, quoiqu'enregistrés dans les Cours souveraines du Royaume, quoiqu'enregistrées dans les Cours souveraines de Bretagne, n'auront aucun effet, aucune exécution dans cette Province, s'ils n'ont été expressément consentis par les Etats.*

Cette loi n'est absolument susceptible d'aucune exception ; elle comprend dans son étendue, non-seulement les levée des deniers qui se font au profit du Roi, mais encore celles qui se font au profit des villes sous le nom d'Octrois.

En 1561, quelques Miseurs avoient différé

de présenter à l'Assemblée des Etats le tableau de leurs comptes & de l'emploi des deniers d'octrois; les Etats firent des remontrances à ce sujet, & Charles IX ordonna par édit du mois d'août, « que les comptes des deniers communs » d'octrois ou autres, reçus par les Miseurs ou » Receveurs des villes dudit pays, seront do- » rénavant apportés de trois ans en trois ans » à la séance générale desdits Etats, ou plutôt, » s'il y a changement desdits Miseurs, pour » voir si lesdits deniers auront été bien & » duement employés, & nous avertir de la » faute qu'ils reconnoîtront y avoir été com- » mise ».

Un Edit du mois d'août 1579, donné sur les remontrances des Etats, porte que malgré l'opposition du Parlement & de la Chambre des Comptes, les lettres patentes obtenues par les Etats pour la reddition des comptes des deniers communs des villes & communautés, seront exécutées.

Quelques Villes avoient obtenu en 1610, sans le consentement des Etats, des Lettres-Patentes portant création ou continuation d'octrois. Les Etats se plaignirent de cette surprise, & le Roi répondit à leurs remontrances, en enjoignant à ces Villes « de présenter à la pro-

» chaine tenue, l'état de leurs dettes, perceptions & revenus, & en assurant les Etats qu'à l'avenir aucune Communauté ne seroit reçue à impétrer des lettres d'octroi, sans en avoir communiqué aux Etats, desquels elles seront tenues de rapporter à cet effet acte de consentement ».

La Paroisse de Sainte-Croix de la ville de Nantes demanda au Roi en 1669, la permission de lever sur elle-même un octroi nécessaire à l'acquit d'un emprunt qu'elle avoit fait pour la reconstruction de son Eglise : quoique cette cottisation dût être locale & volontaire, Louis XIV reconnut qu'elle ne pouvoit avoir lieu sans le consentement des Etats. La demande de la Paroisse de Ste. Croix leur ayant été renvoyée, ils consentirent à l'obtention des lettres d'octroi, à la charge toutefois que les Paroissiens rendroient compte des deniers qu'ils auroient reçus, devant l'Evêque de Nantes, qu'ils nommerent à cet effet.

Plusieurs Paroisses s'étoient obligées par transaction sur un procès commun, contre deux Seigneurs, de leur payer une somme de 49800 l., & avoient obtenu le 29 Juillet 1679, un Arrêt du Conseil qui, en homologuant leur transaction, leur permettoit de faire sur elles-mêmes pendant quelques années la levée nécessaire pour acquitter la somme aux termes convenus. Le Gouvernement instruit que cet Arrêt autorisant une levée publique de deniers, ne pouvoit avoir d'exécution, sans le consentement des Etats, chargea le premier Commissaire de Sa Majesté de le communiquer à l'assemblée : celui-ci en fit donner lecture aux Etats, en leur déclarant que *la levée de cette somme ne pouvoit se faire sans leur consentement.*

Cependant, depuis plusieurs années, des Communautés faisoient insérer, sous prétexte de charité, dans les lettres d'octroi, des clauses non consenties par les Etats. En 1651, ils avoient été obligés de réclamer contre cet abus. Le Roi fit droit sur leurs remontrance, par le contrat passé entr'eux & ses Commissaires en 1657, & sur-tout par celui du 18 Septembre 1661, qui contient les dispositions suivantes :

Tous les droits, franchises & libertés de la province, & les contrats ci-devant faits entre S. M., ses Commissaires & les Etats, seront exécutés sans aucune contravention, comme s'ils étoient insérés dans le présent contrat.

En cas que ci-après les Cours Souveraines de la province, eussent enregistré ou vérifié aucuns

Edits sans consentement exprès des états, ils n'auront aucun effet ni execution en la province.

Les Lettres-patentes obtenues ou à obtenir par les Chapitres ou Communautés de la province, pour la levée de leurs deniers communs & d'octrois, ne pourront, tant au sceau qu'à la vérification d'icelles, être chargées d'aucunes aumônes, de quelque nature qu'elles puissent être, ni employés à d'autres usages qu'à ceux auxquels ils ont été destinés par le consentement des Chapitres & Communautés, & que les lettres qui ne s'y trouveront pas conformes, non plus qu'au consentement des Etats, demeureront nulles.

Le droit constitutionnel de la province, relativement aux octrois, étoit encore reconnu en 1735, puisque le Commissaire départi fit communiquer, de l'ordre du Ministre des Finances, au Procureur-Général-Syndic des Etats, une requête présentée au Roi par les Habitans de Saint-Malo, pour augmentation d'octrois. Le Procureur - Général répondit qu'il n'avoit pas reçu des Etats le pouvoir de consentir en leur nom; qu'ainsi il étoit nécessaire de renvoyer leur requête à leur prochaine assemblée; qu'autrement, si les lettres d'octrois étoient

étoient expédiées, il seroit obligé d'y former opposition.

Cependant, on voit dans un Mémoire émané de la Commission intermédiaire, que la vénalité des offices municipaux ayant donné aux Villes des Administrateurs qui n'étoient pas du choix des citoyens, ces officiers avoient trouvé le moyen de soustraire leur administration à l'Assemblé nationale. De-là, disoit-on, l'état de gêne où se trouvoient réduites la plupart des villes. De-là aussi la nécessité où elles étoient d'implorer sans cesse la bienfaisance des Etats, pour les dépenses les plus indispensables. Dès 1762, les Etats avoient tenté de remédier à ces désordres; mais l'ordre du Tiers adoptoit le systême des municipalités; & cette division n'étoit pas propre à accélérer la réforme que l'on desiroit.

Dans ces circonstances, le Roi ordonna par une Déclaration du premier Juin 1781, que les Communautés des Villes de la Province de Bretagne adresseroient leurs demandes d'octrois à S. M. sans qu'elles fussent tenues d'obtenir le consentement des Etats. S. M. se réservoit de les entendre sur celles de ces demandes auxquelles il jugeroit qu'ils pourroient avoir intérêt, suivant la nature des droits qu'il s'agiroit d'établir; & pour les mettre à portée de connoître l'emploi des octrois, le Roi ordonnoit que les comptes qui en seroient rendus, seroient dorénavant vus & vérifiés par une commission composée des trois premiers Commissaires de S. M. & des Présidens des Ordres; la voix prépondérante, en cas de partage, demeurant aux premiers.

Les Etats jugeant que les droits de la Province étoient compromis, firent imprimer le Mémoire de la Commission intermédiaire où l'on avoit exposé leurs titres, & articulé près de 250 délibérations, par lesquelles ils avoient consenti, refusé, limité ou modifié, suivant les circonstances, des demandes d'octrois. On observoit même que l'on en auroit énoncé un plus grand nombre, si les registres des tenues antérieures à l'année 1567, n'avoient pas été transférés à la Chambre des Comptes de Paris.

Ces titres, soutenus avec beaucoup de fermeté, entraînerent l'Ordre du Tiers qui, dans une délibération du 13 Janvier 1783, fit la Déclaration suivante : » L'Ordre du Tiers » croyant appercevoir que les Délibérations » qu'il a prises sur la matiere des octrois con- » tre l'avis des deux autres Ordres & les pro-

» testations qu'il a faites à cet égard, pour-
» roient être un des motifs qui retardoient
» l'Ordre de la Noblesse de délibérer sur les
» demandes du Roi, & que cette contrariété
» d'avis pourroit occasionner des résultats pré-
» judiciables à la constitution nationale : par
» ces considérarions & pour maintenir l'union
» entre les Ordres, a déclaré par accla-
» mation & unanimement, qu'il se désistoit
» de toutes prétentions d'obtenir, même de
» pouvoir demander des prorogations, augmen-
» tations ou créations nouvelles d'octrois, tant
» pour le présent que pour l'avenir *sans le*
» *consentement des Etats* «.

Ce désistement fut suivi d'une Déclaration du Roi du 5 Décembre 1785, registrée en Parlement le 22 du même mois. Elle porte en conséquence, que les Etats continueroient de connoître des droits d'octroi, & que la commission qui seroit chargée, d'examiner les demandes, le seroit pareillement de la vérification des comptes qui en seroient rendus.

Ainsi, c'est une loi constitutionnelle & fondrmentale en Bretagne, qu'aucune levée de deniers, de quelque espece & nature que ce soit, ne peut avoir lieu dans cette Province, à moins qu'elle n'ait éte délibérée & consentie par les

Etats. On a vu parmi les exemples que l'on rapportés de l'exercice qu'ils ont fait de leur droit, que les cottiſations des Paroiſſes faites ſur elles-même pour la conſtruction de leurs Egliſes & autres beſoins communs, n'en étoient pas exemptes. Sur des remontrances que les Etats firent en 1602, Henri IV permit aux Paroiſſes de faire des levées de deniers juſqu'à la ſomme de deux cens écus, en vertu d'Arrêt du Parlement de Rennes, & de lettres priſes en la Chancellerie près cette Cour, & ordonna pour les ſommes excédentes l'exécution d'un Réglement antérieur, ſuivant lequel elles ſont obligées de ſe pourvoir en la grande Chancelerie.

Il eſt aiſé de juger que, depuis l'union, les Etats ne pouvoient plus avoir d'influence ſur la politique extérieure. Mais ils ont toujours droit de faire toutes les remontrances, toutes les repréſentations qu'ils jugent à propos, touchant l'ordre public & la police intérieure. On ne pourroit même y faire d'innovation ſans *l'avis & conſentement des Etats*, non-ſeulement en conſéquence du contrat & du traité paſſé au château de Nantes, dans le mois de Janvier 1498, entre Louis XII & la Reine Anne; mais encore en vertu des deux Lettres-Patentes données par François Ier, dans les mois d'Août & de Septembre 1532, en exécution du traité d'union.

Par la premiere, le Roi veut « relativement à » l'administration de la Justice, Villes, Lieux » & Communautés du Duché de Bretagne, que » ses nouveaux Sujets *en jouissent bien & dûment, perpétuellement & à toujours*, comme » ils en avoient joui auparavant, *réservé toutefois ce que les gens mêmes des trois Etats* » *pourront requérir être réformé ou mué pour le* » *bien & profit du Pays.* »

La seconde porte que « la Justice, savoir, » le Parlement, Conseil, Chancellerie, Chambre des Comptes, Assemblées des Etats, les » Barres & Jurisdictions ordinaires du Pays, » seront entretenus en la forme & maniere » accoutumée. »

Enfin, le contrat passé entre le feu Roi & les Etats, au mois de Décembre 1770 porte, article 23, ... « accordent Nosseigneurs les » Commissaires (du Roi) *qu'il ne soit rien* » *changé au nombre, qualités, fonctions &* » *exercices des Officiers de la Province*, ce » faisant, *qu'il ne sera fait aucune création* » *d'Officiers ni de nouvelles Jurisdictions.* »

Tels sont les titres & les droits de la Bretagne; droits imprefcriptibles & inaliénables, mais dont l'exercice & la confervation dependent de l'exiftence des Etats,

Au refte, fi la Nation Bretonne a fes droits, le Roi a auffi les fiens. Il a fur-tout effentiellement & éminemment ceux de juftice & de protection. Il peut par conféquent, il doit même, autant pour fon propre intérêt que pour celui du Peuple, employer toute fa puiffance pour réformer les abus qui, par fucceffion de tems, fe feroient gliffés dans la conftitution.

CHAPITRE

CHAPITRE III.

Des Etats ou Assemblées Nationales.

LES Etats de Bretagne, qu'on appelloit autrefois Parlement général, sont composés des Ordres de l'Eglise, de la Noblesse & du Tiers-Etat.

L'Ordre de l'Eglise comprend les Evêques, les Abbés & les Députés des Eglises Cathédrales. Les Prieurs ont quelquefois pris séance aux Etats; mais ils ne se sont pas maintenus dans cette possession (1). Le dernier qui ait

(1) On ne voit pas pourquoi les Prieurs auroient été exclus d'un Corps politique, où sont admis les Abbés & les Chanoines, puisqu'il n'y a à-peu-près qu'une différence nominale, entre ces Ecclésiastiques. Mais ce qui surprend, c'est de n'y pas voir les Recteurs ou Curés, qui, à raison de leur intérêt personnel, de celui de leurs Paroissiens, de l'importance de leurs fonctions, & des lumieres que leur procure leur expérience journaliere, ont tant de titres pour prendre part à l'Administration Publique. L'utilité & la nécessité de leur ministere, seroient peut-être un obstacle; mais il semble que

aſſiſté aux Aſſemblées, eſt celui de Pléchatel, qui comparut en 1599, tant en ſon nom, qu'en celui de l'Abbé de St. Melaine, dont il étoit Procureur.

L'ordre de la Nobleſſe étoit composé aux Etats de Vannes en 1462, des Barons, des Bannerets & des Bacheliers.

Il paroît que les Bacheliers ne différoient des Bannerets qu'en ce qu'ils n'avoient pas levé de bannieres, ou de compagnies d'hommes d'armes; ce qu'il y a de certain, c'eſt qu'ils étoient des Seigneurs à haute juſtice, très-diſtingués. Les Bacheleries étoient en Bretagne ce que ſont les fiefs de Haubert en Normandie. Elles étoient au nombre des fiefs militaires, *feoda militum*, qui, ainſi que les Baronnies, devoient être impartables, ſuivant l'aſſiſe du Comte Geoffroi.

Mais ces Gentilshommes qualifiés ne furent pas les ſeuls qui aſſiſterent à ces Etats : il y vint auſſi un grand nombre de Sergens féodés des Barres ducales, mais ſans voix délibérative, & ſeulement pour l'exécution des decrets &

---

les Recteurs d'un Diocèſe pourroient ſe concerter entr'eux, de maniere à remplacer les abſens pour cauſe de députation.

mandemens de l'Assemblée. Ce service leur étoit tellement personnel, que le Seigneur d'Epinai ne put pas les remplir par Procureur. Son fief fut saisi, ainsi que celui du Seigueur de Kaër, & le Sire de Maletroit lui-même ne fut dispensé de servir comme Sergent féodé de la Sénéchaussée de Ploermel, à cause de sa seigneurie du Crevist, que parce qu'il siégeoit en qualité de Baron.

Quant aux simples Tenanciers, ou ceux dont les fiefs n'étoient pas décorés d'un titre de chevalerie, ils n'ont paru aux Etats que vers la fin du seizieme siecle, à l'occasion de la guerre civile. C'est ce que nous apprend l'historien de la Province. La Ligue, dit Dom Maurice, avoit partagé la Bretagne en deux factions, comme le reste du Royaume. La plupart des Barons & des Bannerets entrerent dans l'union des Catholiques ; les autres prirent le parti du Roi. Les chefs des deux partis tinrent des Etats, auxquels ils appellerent indifféremment tous les Gentilshommes qui leur étoient unis. Si Henri IV n'eût pas d'abord pour lui la haute Noblesse, il en fut dédommagé par un grand nombre de gens de mérite & de probité, qui lui rendirent des services signalés. Le zele qu'ils témoignoient pour ſes intérêts, leur aſſiduité à ſe trouver aux aſſemblées de la Nation, & l'expérience qu'ils acquirent dans les affaires leur donnerent du crédit & de la faveur. Ils s'accréditerent tellement dans les Etats, qu'ils ſupplanterent les Chevaliers-Bannerets, & les confondirent avec eux.

Cet événement procura de bonnes têtes aux Etats; mais il y cauſa un abus auquel on a négligé long-tems de remédier : c'eſt que tous les Gentilshommes, ſans aucune exception, avoient entrée & voix délibérative dans l'ordre de la Nobleſſe; on n'eut pas même la précaution de faire un réglement pour l'âge : d'où il arrivoit qu'un enfant de dix-ſept ans avoit droit de faire compter ſa voix comme un homme qui avoit blanchi dans les affaires, & ſignalé ſon zele pour le ſervice de la Province pendant une longue ſuite d'années. Pour remédier aux troubles qui ſurvenoient quelquefois dans une ſi nombreuſe aſſemblée, Louis XV. fut obligé de reſtraindre, par une Déclaration du 26 juin 1736, le droit d'entrée aux Etats à ceux qui auroient vingt-cinq ans accomplis, cent ans de gouvernement noble non conteſté, & dont le pere & l'aïeul auroient partagé, ou été en droit de partager noblement.

Ainsi la Noblesse ne vient point aux Etats par députés, mais en corps, souvent au nombre de 6 ou 700 Gentilshommes, & quelquefois davantage, lorsque les occasions l'exigent.

Les Députés du Tiers représentent ceux qui supportent les mêmes charges qu'eux ; c'est-à-dire toutes les classes de la Nation, à l'exception de l'Eglise & de la Noblesse : il étoit juste que le Corps le plus nombreux, le moins riche & le plus chargé, eût des défenseurs dans l'Assemblée Nationale (1). Cependant on

(1) Il en a en effet, mais seulement au nombre de quarante-sept, dont cinq n'ont pas voix délibératives : & comme si cette représentation étoit trop forte, on y admet des Nobles & autres Privilégiés, dont les intérêts sont diamétralement opposés à ceux dont la défense leur est confiée. Ce n'est pas tout ; par une contravention manifeste anx Droits constitutionnels, on a créé pour la Bretagne, comme pour les autres Provinces, des Maires en titre. Pour mieux vendre ces Offices, on leur a attribué le Droit de députation aux Etats. De sorte que toutes les Villes où des Particuliers en ont fait l'acquisition, sont privées des Droits d'élection passive & active, & si elles ont encore des Représentans, ils ne sont pas de leur choix. On devoit s'attendre qu'avec une représentation aussi foible, qu'on peut même regarder comme nulle en comparaison de celle des deux

a prétendu que ses Députés n'ont paru pour la premiere fois aux Etats qu'en 1352, sous

---

autres Ordres, le fardeau des impôts tomberoit presqu'en entier sur les Roturiers : c'est ce qui est arrivé. En effet, à l'exception des Droits sur le sel, l'Ordre du Tiers n'est pas moins chargé en Bretagne, que dans le reste du Royaume ; il l'est même plus à quelque égard, puisqu'il est encore sujet à la corvée en nature, qui a été abolie par-tout ailleurs. Il ne paye plus la taille, mais il paye des fouages qui ne sont guères moins onéreux. Celui qu'on appelle l'extraordinaire, se perçoit tout aussi ordinairement que l'autre. Et ce qu'il y a d'étrange, c'est que n'ayant été imposé que sur les fonds Roturiers, possédés par des non-Nobles, quoiqu'il eût pour objet la liquidation d'une dette commune, la perception s'en fait toujours, quoique la dette soit acquittée depuis long-tems.

Les fouages ne sont pas sujets à l'arbitraire de la taille, mais ils ont d'autres vices qui leur sont particuliers : par exemple, si un fonds Roturier sujet à ce subside tombe en propriété à un Noble, & qu'il en jouisse par main, ce fonds devient exempt de l'Imposition, & la portion qui étoit à sa charge, retombe sur les autres propriétés roturieres. D'où il arrive que dans telle Paroisse, le fouage n'est que de six deniers ou d'un sol pour livre ; tandis que dans telle autre il monte au taux exorbitant de trois ou quatre sols.

De plus, si un bien noble est imposé pendant

Charles de Blois. On a dit même qu'ils n'avoient eu long-temps, depuis cette époque, que la voix consultative; mais ce sont des erreurs : il est prouvé qu'en 1309, le Tiers-Etats as-

---

quarante ans aux fouages, il continue de l'être par prescription ; tandis que le Fermier prétend qu'on ne peut lui en apposer aucune pour le franc-fief ; de maniere que tel fonds, & il y en a plusieurs exemples dans la Province, paye le franc-fief, comme Noble, & le fouage, comme Roturier.

Ce qui ne contribue pas peu à multiplier ces fonds amphibies, est un nouveau système du Fermier, le plus absurde peut-être qui ait été imaginé depuis qu'on déraisonne. Il consiste à dire, *tout est Noble, puisque tout a passé par la main du Conquérant ; prouvez donc la roture de votre bien, ou payez le franc-fief.* Il est vrai que l'Armorique a été conquise par les Romains & par les François, sous Charlemagne : mais ni les uns ni les autres n'imaginerent la distinction des terres Nobles & Roturieres. On doit cette belle découverte à la barbarie féodale qui s'est établie depuis ; & par conséquent, c'est au Fermier qui demande le franc-fief pour cause de nobilité, à produire l'acte d'inféodation. D'ailleurs, la conquête a toujours dévasté & n'a jamais rien ennobli. Et quand la rapacité du soldat seroit une cause de nobilité, on devroit considérer qu'avant la conquête, toute la terre avec ses habitans, étoit roturiere & libre. Ainsi, en ce cas même, ce seroit encore au Fermier à représenter l'investiture du Conquérant.

sista à l'assemblée que le Duc Artur II tint à Ploërmel, pour l'acceptation de la Bulle du Pape Clément V, sur le changement du droit de Tierçage en celui de Neûme. Le registre de ces Etats, qui est au château de Nantes, finit ainsi : *Par le Parlement général, présens les trois Etats ; Rousseau.*

Dom Morice pensoit que l'usage d'appeller le Tiers au Parlement général, étoit même plus ancien. Il cite en preuve de son sentiment la Bulle de Clément V, où Jean de Bretagne, Pierre de Ballio, & Guillaume de Baden sont qualifiés Procureurs du Duc, des Barons, des Nobles, & *du Peuple de Bretagne*. Cette preuve de fait est effectivement sans replique ; mais cet historien auroit pu citer une Chartre bien plus ancienne encore. C'est l'acte de translation de l'Abbaye de Villeneuve, faite comme on l'a déja dit ci-devant, en 1205, par Gui de Thoars, Comte de Bretagne, *de l'avis & de l'assentiment, des Evêques, des Barons, des Vavasseurs, & de nos autres hommes de Bretagne.*

La donation d'une terre ducale que contient cette Chartre fut sans doute le motif qui détermina Guy de Thoars à prendre l'avis & le consentement de la Nation. Les trois ordres y sont évidemment désignés ; savoir, le Clergé par les Evêques, la Noblesse par *les Barons & les Vavasseurs* (1), & l'ordre du Tiers, par *nos*

---

(1) *Les Vavasseurs étoient les Vassaux nobles, comme l'homme étoit le Vassal roturier : étant dénommés dans la chartre de Guy de Thoars, immédiatement après les Barons, il s'ensuit que ceux-ci étoient les seuls Gentilshommes au commencement du treizieme siecle, qui eussent un titre distinctif dans le formulaire des Etats : mais on vit paroître après eux, dans les siecles suivans, les Bannerets, les Chevaliers, les Bacheliers & les Ecuyers, & l'on ne comprenoit plus alors sous la dénomination de Vavasseur, que les simples tenanciers ou ceux dont les fiefs n'étoient pas décorés d'un titre de Chevalerie. C'est en ce sens qu'on doit entendre ce que dit Dom Morice, (tom. I, des Preuves, pag. 17 de la Préface,) en ces termes :* » Il n'est » presque point de seigneurie qui ne renferme deux » sortes de Sujets, des Nobles & des Roturiers ; les » premiers se nommoient *Vavasseurs*, & dans cette » qualité, ils étoient Justiciables du Seigneur dont » ils relevoient, lui payoient des cens annuels, » lui rendoient certains devoirs en tems de guerre, » & ne pouvoient donner, vendre ou engager leurs » terres sans son consentement, & payoient encore » les lods & ventes de toutes les acquisitions qu'ils » faisoient, & en mourant, le rachat de leurs terres » nobles. Le Baron de Fougeres exigeoit, outre cela, » les sous-rachats de ces mêmes terres ; de maniere » que les Seigneurs de fiefs, sous la Baronnie des » Fougeres, n'ont ni lods & ventes, ni sous-ra» chats, sans un titre particulier ».

autres hommes de Bretagne. Ainſi, dès le commencement du treizieme ſiecle le Tiers étoit en poſſeſſion de prendre part au Gouvernement, ce qui ſuppoſe un tems plus ancien encore où il jouiſſoit de cette prérogative.

En effet, lorſque Salomon, qui régnoit dans le neuvieme ſiecle, écrivit au Pape qu'il lui étoit impoſſible d'exécuter en perſonne le vœu qu'il avoit fait d'aller à Rome, il marqua qu'il avoit pris à ce ſujet l'avis de la Nation, & que tous avoient été pour la négative : *voluntatem totius Britanniæ, nos probare curavimus, omnes abnuerunt.*

Si tous furent conſultés, les Communes ne furent pas ſans doute oubliées en cette occaſion ; car elles exiſtoient avant même que les Bretons euſſent donné leur nom à l'Armorique. La ville de Rennes avoit un Corps Municipal du tems du jeune Gordien, comme le prouve l'inſcription dont on voit encore les reſtes à la porte Mordelaize de Rennes (1). Lorſque Jules Céſar s'empara de Vannes, dont il fit

(1) Voici cette Inſcription telle qu'elle a été reſtituée par M. Hevin ; IMP. CES. M. ANTONIO. GORDIANO. PIO. FEL. AUG. P. M. TR. P. COS. O. R.

mourir les Magistrats, le Gouvernement de cette ville étoit républicain, & vraisemblablement il en étoit de même des autres villes, puisqu'elles s'uhirent à celle de Vannes pour défendre la liberté qu'elles avoient reçue de leurs ancêtres (1).

Il paroît que les Communes de Bretagne, plus heureuses que celles du reste du Royaume, résisterent aux coups du féodalisme, puisqu'on les retrouve en possession du droit d'entrée aux Etats dès le commencement du treizieme siecle, & long-tems avant que la Noblesse y ait pris place en Corps. Ainsi, le fameux d'Argentré avoit raison de dire que l'ancien Gouvernement Breton étoit en partie Démocratique (2).

---

(1) *Reliquasque civitates sollicitant ut in eâ libertate quam à majoribus acceperant, permanere quam Romanorum servitutem perferre, mallent : omni orâ Maritimâ celeriter ad suam sententiam perductâ communem legationum ad P. Crassum mittunt.* Commentaires de Jules-César, Liv. 3.

(2) Quelques-uns soutiennent au contraire, que l'ancien gouvernement Breton, étoit une pure Aristocratie, ou une espece d'Oligarchie; & que le Peuple étoit réduit à la servitude.

Il est vrai qu'il existe quelques actes publics, dans lesquels les seuls Prélats & Barons sont intervenus. Mais on ne doit pas en inférer que le reste

Au surplus, le Duc Jean III appella le Tiers-Etat au Parlement qu'il assembla à Rennes

---

de la Nation fût dans l'esclavage. Il s'ensuit seulement que dans quelques circonstances particulieres, elle n'a eu pour Représentans, que les Prélats & les Barons.

Envain, dit-on, avec Dom Morice, qu'il y avoit autrefois en Bretagne des Serfs qui se vendoient ou se donnoient avec les terres auxquelles ils étoient attachés. Si cela étoit vrai, il y auroit eu en cette Province un quatrieme Ordre d'individus fort malheureux : mais Dom Morice ne cite ni ne rapporte aucune preuve de leur existence, & lorsqu'il dit qu'ils ont été affranchis sur la fin du dixieme siecle, on peut conclure de-là qu'ils n'ont jamais existé. Car qui pourra se persuader qu'on ait affranchi en Bretagne tous les Serfs dans un tems où l'Anarchie féodale étoit parvenue à son comble, tandis que la servitude de la glébe est si difficile à déraciner aujourd'hui dans les Provinces qu'elle déshonore, malgré l'affranchissement dont le Roi a donné l'exemple dans ses domaines.

Quant aux domaniers, quévaisiers, motoyers & taillis des Pays d'usemens, ce sont, à la vérité, des especes de Vassaux à qui on a imposé originairement des conditions fort dures, tant par rapport aux corvées, que relativement aux successions; mais ils peuvent jouir pendant neuf ans de leurs domaines malgré le Seigneur foncier; ils ont la propriété de leurs meubles ainsi que des édifices &

en 1315; la Déclaration que les trois Ordres lui donnerent, touchant son droit de régale

---

superfices; enfin, comme le Propriétaire n'a pas droit de suite, ils peuvent, en quittant le fonds, se soustraire aux charges réelles dont il est tenu.

Ainsi la liberté Nationale, mais encore la liberté personnelle & individuelle ont toujours existé en Bretagne. Nous souhaiterions pouvoir dire la même chose des propriétés foncieres. Mais nous sommes obligés de convenir qu'elles sont toutes sujettes à une sorte de servitude. Toutes depuis la tenue Noble ou Roturiere, jusqu'aux fiefs de dignité, relevent féodalement d'un Seigneur ; il n'y a pas même de Franc-aleu avec titre, si l'on en croit M. Duparc Poullain; de sorte que si un Vassal, quelqu'il soit, étoit affranchi par son Seigneur, il passeroit sous la mouvance immédiate du Suzerain,

La doctrine de M. Duparc s'étend plus loin encore : il en résulte que le riverain Autocthone, l'antique Armoriquain peut être chassé avec son bétail de la lande dont il a toujours joui, & que cela a lieu, non-seulement dans le cas d'une possession immémoriale, mais encore dans ceux de concessions soit gratuites soit même onéreuses.

Ce savant Jurisconsulte avoit contre lui le sentiment de M. de Fréminville, les dispositions de l'Edit du mois d'Avril 1667, le titre 25 de l'Ordonance de 1669 & la Jurisprudence du Conseil; mais il combat tout cela par un raisonnement qui, en derniere analyse, se réduit à ceci, *un droit d'usage*, ſur les Egliſes, finit en ces termes : *Et pourtant en ont été cettes préſentes baillées à mondit Seigneur le Duc, & enregiſtrées en ſondit Parlement tenu en la Cité de Rennes, à la ſolemnité des Trois Etats, le Jeudi après miſericordia Domini, l'an de N. S. M CCC XV, par la Cour du Parlement, préſens* LES TROIS ETATS. *Rouſſeau.*

Jeanne de Bretagne, femme de Charles de

---

de pâcage ou de commun, n'eſt qu'une ſervitude : or, une ſervitude n'eſt pas un droit de propriété, donc, &c.

Les défenſeurs des Riverains ne ſont pas reſtés ſans réponſe ; ils ont dit : *on ne doit pas faire de diſtinction lorſque la Loi n'en fait aucune : d'ailleurs, l'uſage que l'on qualifie ſi gratuitement de ſimple ſervitude, eſt la ſeule jouiſſance dont ſoit ſuſceptible une propriété, commune, indiviſe & inaliénable, donc, &c.*

Au ſurplus, rien n'eſt plus vrai que ce que dit d'Argentré dans ſon Aithiologie ; *univerſalis Regula quâ conſtituitur omnia in Britanniâ ſeudalia eſſe & beneficio alterius teneri.* Mais il ſemble que M. Duparc n'auroit pas dû en conclure, qu'il ne peut y avoir de Franc-aleu en Bretagne, même avec titre ; puiſqu'il y a des Francs-aleux avec titre dans les autres Provinces du Royaume, où la regle de d'Argentré eſt admiſe. M. Duparc auroit pu fonder ſon opinion ſur l'uſage ou ſur la Juriſprudence ; car il ne paroît pas qu'aucune Loi poſitive ait conſacré en Bretagne l'axiome, *nulle terre ſans Seigneur.*

Blois, voulant procurer la liberté à son mari, prisonnier en Angleterre, assembla les Etats à Dinan l'an 1352, & y appella le Tiers-Etat. Les Lettres de créance qu'elle donna aux Ambassadeurs commencent ainsi : *Nous, Jeanne, Duchesse de Bretagne, Vicomtesse de Limoges, Dame de Guise & de Maëne, faisons savoir à tous que, par l'avisement, conseil & assentiment des Prélats, Chapitres, Barons & autres Nobles, & des Bourgeois & Habitans de nos bonnes Villes de notre Duché de Bretagne ; &c.*

La Lettre que les Etats-Généraux écrivirent au Roi de France, en faveur de leur Duc, en 1380, est scellée des sceaux de l'Evêque de Rennes, & de l'Abbé de Saint-Melaine pour les Gens d'Eglise, & de ceux du Vicomte de Rohan & du Sir de Montafilant pour les Barons, les Nobles & les *Communes* de Bretagne. Le Traité de Paix qui suivit cette Lettre fut ratifié par les Prélats, les Seigneurs, & *les bonnes Villes de Bretagne.* Les sujets de plainte que le Duc Jean IV avoit contre le Comte de Penthievre & le Conétable de Clisson, furent communiqués aux Prélats, Barons, Bannerets, Chevaliers, Ecuyers & Députés des Chapitres & *Villes* du Duché, assemblés à Nantes, en 1389. *Les Notables* furent invités aux obséques du Duc Jean IV, ſuivant la lettre de la Ducheſſe au Seigneur de Kgournadech.

Si l'on joint à tous ces monumens l'Ambaſſade envoyée par les Etats au Duc de Bourgogne, en 1408; l'Acte de confédération fait au Parlement de Vannes le 6 octobre 1420, entre le Duc, les Barons, les Chevaliers, les Ecuyers & *les Gens des bonnes Villes*; l'Arrêt de confiſcation donné contre les Penthievres, le 16 février de la même année; la ratification du Traité de Troyes en 1427, & l'acquiſition de la Baronnie de Fougeres, faite par le Duc en 1429, tant en ſon nom qu'en celui des Prélats, Barons & Etats de Bretagne, &c., on ne doutera nullement que le Tiers-Etat n'ait eu de tous tems voix délibérative dans les Parlemens, tant ſur les affaires politiques que ſur les pécuniaires.

Comme le Clergé a le pas ſur la nobleſſe & ſur le Tiers-Etat, celui qui préſide l'ordre de l'Egliſe, préſide en quelque ſorte toute l'aſſemblée. C'eſt lui qui, des délibérations de chaque ordre, forme la délibération commune, & la prononce au nom des Etats.

Ils tenoient autrefois tous les ans; mais depuis 1630, on ne les aſſemble plus que de deux ans en deux ans; ſi ce n'eſt dans des occaſions particulieres, particulières ; où les affaires exigent que le Roi en fasse la convocation : elle se fait par lettres-de-cachet adressées aux Evêques, aux Abbés, aux principaux membres de la noblesse, & aux Villes & Chapitres qui ont droit de députation.

Lorsque le Roi fait lui-même l'ouverture des Etats, (ce qui est arrivé deux fois depuis 1567,) il n'est pas question de Commissaires de S. M., non plus que de Commissions genérales & particulieres. En son absence, c'est au Gouverneur de la province, qu'il appartient de les tenir; mais communément il est remplacé par le Commandant en chef.

Ce Corps politique ne pouvoit pas être sans réglemens ; les Etats en avoient fait eux-mêmes en 1574, 1576 & 1687. Louis XV voulut en 1767 leur en donner un général, que S. M. modifia par des Lettres-Patentes du 12 Juillet de la même année. Elle ordonnoit qu'aucuns Gentils hommes ne fussent admis à l'avenir dans l'ordre de la noblesse aux Assemblées des Etats, s'ils n'étoient descendans de ceux qui y avoient entrée & voix délibérative, lors de l'union de la Bretagne à la Couronne en 1532. Elle exigeoit de plus, quils possédassent des biens-fonds dans la province, qu'ils fussent imposés au moins à quinze livres de capitation, & qu'ils eussent vingt-cinq ans accomplis. Ces dispositions étoient suivies de plusieurs autres, dont le motif étoit de rétablir l'ordre & la règle dans l'Assemblée des Etats, & d'en bannir des formes capables, disoit-on, de porter atteinte aux droits, franchises & libertés de la province.

La noblesse, puissante par le nombre même que l'on vouloit réduire, par son union & sa fermeté, demanda la révocation de ce réglement, & l'obtint. Le feu Roi en envoya un autre qui fut mis en délibération tant sous le Commissariat de M. le Président Ogier en l'Assemblée extraordinaire des Etats convoqués à Saint-Brieux le 18 Février 1768, qu'en leur Assemblée ordinaire convoquée en la même ville le 12 Décembre suivant.

On voit que ce réglement éprouva encore des difficultés, quoiqu'il n'y fût plus question de réduction.

Il porte, Chap. premier, Art. 17, que les Etats pourront faire, sous le bon plaisir de S. M., tels réglemens qu'ils jugeront nécessaires relativement à la police, à la discipline, à l'économie intérieure, & aux différentes parties de l'administration, pourvu que ces réglemens ne soit pas contraire à celui de S. M.

D'après cette disposition, les Etats firent en 1770, sous le bon plaisir du Roi, un réglement général qui ne differe du précédent qu'à quelques égards. Voici le précis des dispositions communes à l'un & à l'autre, auxquelles nous joindrons avec un asterisque les principales dispositions faites par les Etats.

* S. M. est suppliée de ne convoquer les Etats qu'après le 25 Septembre, tous les deux ans, si ce n'est dans le cas d'une nécessité urgente & imprévue.

* Conformément aux Arrêts du Conseil rendus en 1651, le Parlement, ni autres Cours ne peuvent connoître de la convocation des états, ni du lieu de leurs assemblées, ni de leur police intérieure, les Etats étant sous la protection immédiate du Roi.

Lorsque S. M. a indiqué la ville où elle a convoqué les Trois Etats, tous les membres dont ils sont composés sont tenus de s'y rendre, au plus tard dans le troisieme jour après celui qui est indiqué pour l'ouverture de l'Assemblée, & de se faire inscrire dans le même délai sur les registres du Greffe. Le lendemain, à l'ouverture de la séance, la liste des inscrits est arrêtée & signée par les trois Présidens, & deposée au Greffe. Une expédition en est remise aux Commissaires du Roi, & nuls autres que ceux qui y sont dénommés ne peuvent, sans exception, ni pour quelque cause & prétexte que ce soit, avoir entrée & séance dans l'Assemblée, à moins que S. M. ne permette à ses Commissaires de recevoir les excuses de ceux qui, par maladie ou autre accident, n'auroient pu arriver au jour fixé.

Les Commissaires du Roi se rendent aux Etats lorsqu'ils le jugent à propos, tant pour former les demandes de S. M., que pour y maintenir l'ordre & la regle, recevoir les représentations qu'on peut leur faire, & en rendre compte au Roi.

Les Etats sont maintenus dans la possession où ils étoient de prendre les premieres connoissances de tout ce qui peut intéresser la police intérieure de leurs Assemblées & d'y statuer suivant la différence des faits & des circonstances ; & à défaut des Etats, ou de l'un des Ordres, les Commissaires du Roi doivent pourvoir promptement & provisoirement, tant au maintien du bon ordre qu'à la justice qui est due à la partie lézée.

Le premier jour de l'Assemblée, les Commissaires du Roi donnent connoissance de leur pouvoir ; & le second jour, le premier Commissaire de son Conseil fait la demande du don gratuit. Quant aux autres demandes, elles peuvent être remises aux Procureurs-Généraux-Syndics des Etats.

Les Commiſſaires doivent ſe faire repréſenter chaque jour par le Greffier, les délibérations des Etats pour en rendre compte au Roi, & pourvoir à ce que le bien de ſon ſervice, l'intérêt de la Province, & la dignité de l'Aſſemblée exigent.

Ils doivent veiller à ce que les trois Ordres ne s'attribuent aucune autorité les uns ſur les autres dans leurs délibérations.

S'il s'éleve des conteſtations entre les Ordres, de maniere qu'ils ne puiſſent former de délibération ſur la prétention de quelque Contribuable qui s'eſt pourvu aux Etats contre le jugement des Commiſſaires intermédiaires, à l'effet de régler s'il doit ſupporter les charges du Tiers-Etat, ou jouir du privilege de la nobleſſe, les Commiſſaires de S. M. doivent les juger proviſoirement, ſauf l'appel au Conſeil, ſans cependant déroger à l'article 561 de la coutume de Bretagne, & à l'uſage établi par les délibérations des Etats, de comprendre dans les rôles de la nobleſſe, mais en décharge du Tiers, les nouveaux nobles qui ne feroient pas dans le cas de partager noblement, ſuivant la coutume de Bretagne.

Il ne doit être diſtribué dans la ſalle d'aſſemblée aucun Mémoire, Requête ou Manuſcrit concernant l'adminiſtration politique & économique de la province, ou les intérêts des particuliers, ſans la ſignature de la Partie, ou celle d'un Avocat inſcrit ſur le tableau. L'impreſſion en eſt légalement défendue, à moins qu'elle ne ſoit permiſe par les Commiſſaires de S. M., ou une délibération des Etats.

L'Evêque diocéſain doit préſider, & en ſon abſence le plus ancien des Evêques, ou des Abbés, ou des Députés des Chapitres des Egliſes Cathédrales, ſuivant la date de leur ſacre, de leur nomination & de leur réception : l'ordre de leur ſéance ſuit la même regle.

Ces Chapitres ne doivent députer que des membres de leur Corps ; ils peuvent, lorſque le Roi le leur permet, aggréger d'autres Chanoines à leurs Députés.

Les membres de l'Egliſe doivent aſſiſter à l'Aſſemblée des Etats en perſonne, & non par Procureur. Les Aggrégés peuvent néanmoins, en vertu de leur procuration, remplacer les Députés qui ſont obligés de s'abſenter de l'aſſemblée, ou qui décedent pendant ſa durée.

Les Chevaliers de l'Ordre de Malthe qui poſſedent des Bénéfices donnant entrée dans l'Ordre de l'Egliſe à l'Aſſemblée des Etats, peuvent y entrer avec l'épée.

Les Gentilshommes s'inſcrivent après les Barons, à l'ouverture de chaque Aſſemblée, ſur la liste de l'ordre de la Noblesse, sans qu'ils aient de préséance les uns sur les autres; & aucun d'eux, à l'exception des Barons, ne peut prendre de titres ni de qualités.

Les Propriétaires des Baronnies qui donnent droit de présider la Noblesse sans élection, y sont maintenus, lorsqu'ils sont Nobles d'une extraction si ancienne, que leur origine se perd dans l'obscurité des temps: ils prennent séance suivant l'ancienneté de leur Baronnie.

Les nouveaux possesseurs de Baronnies ne peuvent présider ni siéger en qualité de Barons, à moins qu'ils n'aient déposé au Greffe des Etats les titres justificatifs de leur propriété & ceux de leur naissance, pour être examinés par une Commission des trois Ordres.

Quand la Présidence se trouve vacante par le défaut de Baron, l'Ordre de la Noblesse élit un Président à la pluralité des voix, & par scrutin. Le Président de l'Eglise le réçoit & énonce l'avis.

Ceux qui n'ont pas obtenu des Arrêts confirmatifs de leur noblesse, doivent se pourvoir au Parlement de Rennes, qui, par Lettres-Patentes du 16 février 1770, enregistrées le 5 avril suivant, est autorisé à faire l'examen des titres des originaires Bretons, & des non originaires, & à juger contradictoirement avec le

Procureur Général Sydic, s'ils ont les qualités requises par la Déclaration de 1736, pour avoir entrée, séance & voix délibérative dans l'ordre de la Noblesse.

Les Gentilshommes qui ont obtenu un Arrêt au Parlement doivent le mettre au greffe des Etats avant de s'inscrire, sous peine de nullité de l'inscription, & l'Arrêt ne peut être transcrit qu'après que les Etats en ont délibéré.

Les Gentilshommes qui exercent quelqu'emploi que ce soit dans les Bureaux, Fermes ou Régies de la Province, ou qui d'ailleurs sont intéressés dans les affaires de finances, ou qui tiennent des fermes, soit en leurs noms, soit sous des noms interposés, & tous ceux qui font tout autre commerce que le commerce maritime en gros, sont exclus de l'entrée dans l'ordre de la Noblesse aux Assemblées des Etats, à moins qu'ils ne reprennent le gouvernement noble par l'abandon des emplois, intérêts, fermes, commerce, &c.

Dans les députations & commissions les Gentilshommes les plus âgés ont la préséance sur les plus jeunes, conformément à une Délibération du 20 décembre 1772.

Le droit de présider dans l'ordre du Tiers est attribué au Sénéchal de la Sénéchaussée & Siége Présidial dans le ressort duquel se tient l'assemblée des Etats; en son absence au plus ancien des Sénéchaux des trois autres Siéges Présidiaux de la Province; & au défaut de ceux-ci, au plus ancien des Sénéchaux des Jurisdictions royales; s'il n'y en a aucun, l'ordre du Tiers peut élire son Président à la pluralité des voix (1).

La durée ordinaire des séances est depuis neuf heures & demie du matin jusqu'à deux heures après midi; mais elles peuvent être prolongées lorsque la pluralité des ordres est d'avis de finir quelque affaire commencée.

Si, pendant la durée des séances, quelque membre de l'Assemblée tentoit d'entraîner la défection de son ordre, le Président & les Membres de cet ordre ne pourroient se dispenser, sous quelque prétexte que ce soit, de concourir avec les deux autres aux délibérations proposées ou convenues.

Les Membres qui se présentent après dix heures & demie sont exclus des délibérations de la séance, & n'en peuvent même connoître dans la suite, si elles sont remises sur le tapis.

Quarante-deux villes ont droit d'envoyer des Députés aux Etats; celles de Rennes, Nantes, Vannes, Saint-Malo & Morlaix sont les seules qui puissent en envoyer deux.

---

(1) L'ordre du Tiers vient de prendre le parti d'élire son Président dans tous les cas, afin de n'être pas présidé par un Noble.

Ces Députés sont tenus d'envoyer à leurs Communautés des Copies des demandes du Roi à l'Assemblée, des Délibérations définitives, & particulierement de celles qui intéressent les Villes dont ils sont Députés, & les campagnes de l'arrondissement.

Les Villes peuvent, avec l'agrément du Gouverneur ou du Commandant en chef, nommer tels nombre d'Aggrégés qu'elles croient utiles pour assister à l'Assemblée des Etats. Mais ces Aggrégés y viennent à leurs frais, & n'ont voix délibérative qu'en l'absence des Députés.

Les Députés des Villes qui donnent le privilége de porter l'épée, ne peuvent en jouir qu'après avoir justifié de leur droit devant la commission nommée par les Etats.

Toutes actions, instances & procédures, en matiere civile, demeurent sursises dans tous les Tribunaux, non seulement pendant le tems des Etats, mais encore quinze jours avant & quinze jours après, en faveur de tous ceux qui ont droit d'y assister, & s'y sont fait inscrire; à moins qu'ils n'aient pu s'y rendre dans les quinze premiers jours, pour cause de maladie, ou autre excuse légitime; en ce cas ils ne jouissent de la surséance qu'à compter du jour de la notification qu'ils en ont faite à leur partie.

* Les Membres de chaque ordre doivent ſe tenir dans la décence & le reſpect dus à la dignité de l'Aſſemblée.

* Lorſque les matieres miſes en délibération ont été diſcutées, les Délibérans de chaque ordre ſont obligés d'être aſſis tandis que le Préſident recueille les voix, autrement elles ne ſeroient ni recueillies ni comptées.

* Les Elections à toutes les Places auxquelles les Etats ont droit de nommer, ſe font dans chaque ordre à la pluralité des voix & par ſcrutin.

* Et généralement dans toutes les délibérations, les ſuffrages ſe recueillent par la voix du ſcrutin, lorſqu'une partie de l'ordre le demande.

Il ne peut être formé aucune Aſſemblée par l'un des ordres, ſéparément des deux autres, ſur des objets particuliers de délibération, non convenus entre les trois ordres; & cependant ſi l'un des ordres eſt d'un avis différent des deux autres, il peut en demander acte, & en cas de refus, faire conſtater ſon avis par deux Notaires, & ſe pourvoir en conſéquence devant Sa Majeſté.

Ce cas eſt le ſeul où un ordre puiſſe former, ſans la participation des deux autres, des commiſſions particulieres; en toute autre circonſtance elles ne peuvent avoir lieu qu'à la pluralité entre les Ordres, & alors les Présidens sont tenus de nommer des Commissaires nonobstant la reclamation de leurs Ordres respectifs.

Si l'un des Ordres demande, par la bouche de son Président, à se retirer aux Chambres, ou qu'il soit tardé à délibérer avant de donner son avis, les deux autres sont tenus d'y déférer.

Mais lorsqu'il a eté fait une demande au nom du Roi, ou qu'une proposition a été mise en délibération par les ordres, ils sont tenus de délibérer sans délai, soit au théâtre, soit aux Chambres, s'ils sont convenus de s'y retirer. Aussi-tôt qu'un des Ordres a donné son avis, les deux autres sont obligés de donner le leur dans les vingt-quatre heures; autrement la déliberation demeure conclue par la pluralité de deux Ordres contre un.

L'unanimité est nécessaire relativement à tous dons, gratifications, aumônes, gages ou récompenses, pour quelques personnes ou considérations que ce soit.

Après que les trois Ordres se sont communiqué leurs avis, ils se rassemblent au théâtre, où ces avis sont énoncés par les Présidens des Ordres, & la délibération commune prononcée par celui de l'Eglise, quand même cet Ordre auroit été d'un avis contraire.

Après l'énonciation des avis, chaque Ordre peut modifier ou changer le sien, ou accéder à celui des deux autres, & changer ainsi la balance des suffrages; mais lorsque la délibération est prononcée, quoiqu'elle ne soit pas encore portée sur les registres, ni signée des Présidens, elle ne peut plus être changée que du consentement unanime des trois Ordres.

Aucune Délibération portant disposition des fonds & revenus de la Province à d'autres objets que ceux compris dans les demandes du Roi, ne peut avoir d'exécution qu'après qu'elle a été homologuée par Arrêt de son Conseil.

Il ne peut être délibéré sur aucune requête ou propositions particulieres, avant d'avoir terminé les délibérations sur les demandes du Roi, & sur les affaires générales du pays.

Toutes les requêtes, quelque favorables qu'elles puissent être, ne peuvent être admises en delibération, si elles n'ont pas été présentées dans le délai de six semaines, depuis l'ouverture des Etats; celles qui ne sont pas signées, ou qui contiennent quelques personnalités contre les Commissaires & autres Membres de l'Assemblée, sont rejetées sans délibérer.

Le Greffier porte sur un plumitif les actes de chaque Séance pour lui servir d'instruction; orsqu'il a rédigé les projets de la délibération, il les porte aux Préſidens des Ordres qui, conjointement avec les Procureurs Généraux Syndics, examinent s'ils ſont conformes à ce qui a été prononcé, aprés quoi il les enregiſtre ſur la minute du Procès-Verbal de l'Aſſemblée.

A l'ouverture de chaque Séance, le Greffier donne lecture des délibérations du jour précédent, telles qu'il les a portées ſur le Procès-Verbal, & s'il s'élève quelque difficulté touchant la forme de ces Délibérations, toute conteſtation eſt terminée à cet égard par le témoignage réuni de deux Ordres, qu'elles ſont inſcrites telles qu'elles ont été délibérées & prononcées.

Comme les Délibérations ſont précédées ordinairement d'une diſcuſſion qui ne peut ſe faire avec aſſez d'exactitude dans l'Aſſemblée, on forme des Commiſſions compoſées chacune de trois Députés de chaque Ordre, & préſidées par un Evêque. Le Préſident recueille les ſuffrages par tête, & prononce l'avis à la pluralité des voix (1).

La Commiſſion des finances n'eſt pas la moins importante; le Tréſorier des Etats qui eſt obligé d'y aſſiſter lorſqu'il eſt appellé, préſente

(1) Combinaiſon où il y a tout à perdre pour l'ordre non-privilégié, puiſqu'il n'a que trois voix contre ſix.

aux Députés, le premier jour de leur Séance, le bordereau par estime des fonds à projetter par les Etats, balancé en recette & dépense; & dans les trois jours suivans, la commission en fait le rapport à l'Assemblée, pour que les Etats puissent connoître leur situation dans les délibérations qu'ils ont à prendre.

Dans les séances suivantes, la commission fait l'examen & vérification des requêtes de ratification que le Trésorier des Etats lui présente, des contrats constitués & de ceux consentis, échangés & remboursés depuis la précédente tenue, en vertu des procurations des Etats.

La Commission appure ensuite le compte des étapes & hors fonds, & en fait l'arrêté pour le comprendre dans la vérification de l'état de fonds : après quoi elle s'occupe de l'examen du compte des fonds des haras, de la balance en recette & dépense du compte de l'ordinaire, & de la vérification de l'état de fonds au vrai de la précédente tenue. A cet effet les résultats des comptes examinés par les autres Commissions, lui sont remis pour les faire entrer en considération dans la vérification de l'état de fonds. Les articles y sont portés au vrai, & composés des recettes & dépenses, autres que celles qui n'ont pas été confirmées dans l'état de fonds de la précédente tenue. Les articles non approuvés par l'Arrêt du Conſeil, ſont préſentés aux Etats, pour que le fond qui en avoit été fait dans la précédente Aſſemblée ſoit verſé en recette dans le nouvel état de fonds, pour un autre emploi; & ſuivant que par la balance de la vérification il réſulte un excédent de recette ou de dépenſe, il en eſt fait rapport aux Etats, qui font article de l'un & de l'autre dans le nouvel état de fonds. Lorſque la vérification eſt arrêtée, les Députés la ſignent, la font approuver par les Commiſſaires du Roi, & la dépoſent au Greffe, en vertu d'Ordonnance des Etats.

Enfin la commiſſion des Finances vérifie l'état de fonds en recette & dépenſe de toutes les recettes ordonnées par les Etats, dans le cours de leurs délibérations, & de toutes les dépenſes, tant de celles qui réſultent des Réglemens confirmés par le Roi, que de celles qui ſont extraordinairement ordonnées par les délibérations particulieres de l'Aſſemblée. Cet état dans lequel les délibérations & les articles des Réglemens ſont référés à chaque objet de recette ou de dépenſe, eſt préſenté à l'Aſſemblée avec le réſultat de la balance; & les articles qui y ſont portés, ne peuvent être réformés, ſinon du conſentement unanime des trois Ordres. Ils ont

ont leur exécution sans qu'il soit besoin d'un nouvel Arrêt, si ce n'est pour former le fonds qui seroit nécessaire pour égaler la recette à la dépense délibérée.

La Commission des affaires contentieuses se fait rendre compte par les Substituts des Procureurs Généraux Syndics de toutes les affaires commencées & non-consommées. Elle prend connoissance des requêtes & mémoires, par lesquels des particuliers demandent l'intervention des Etats. Mais l'envoi de ces demandes ne lui est fait que lorsqu'elles sont appuyées d'un mémoire consulté & signé de trois Avocats du Parlement qui ont vingt ans d'inscription sur le tableau. Ce mémoire doit contenir sommairement le détail du fait & de la procédure, les moyens de droit, & les raisons sur lesquelles on prétend que les constitutions & les droits de la Province sont intéressés dans la contestation. Les Députés peuvent exiger la représentation des pieces justificatives des faits du mémoire, & ne doivent donner leur avis qu'avec la plus parfaite connoissance de cause & pour la seule conservation des droits, franchises & libertés de la Province.

La Commission des baux & adjudications s'occupe non-seulement des conditions du bail général des Fermes de la Province, & des abus qui ont pu s'y commettre ; elle prend de plus connoissance de toutes les affaires qui peuvent avoir été occasionnées par des clauses amphibologiques de l'ancien bail, ou par des extensions que le Fermier y auroit données, afin de les prévenir dans la rédaction du nouveau bail. A cet effet, elle appelle à ses séances les Députés & l'Avocat-Conseil de l'ancienne Compagnie des Fermes, ainsi qu'un Député de chacune des Compagnies qui se sont formées pour la nouvelle adjudication.

Elle examine si les Adjudicataires, ou leurs Commis se sont conduits convenablement, avec sagesse & modération ; si les exemptions prétendues sont légitimes, ou si la Province n'en doit pas poursuivre en son nom le deboutement.

Enfin elle fait son rapport aux Etats : s'il y a quelques changemens ou additions à faire au nouveau bail, on en fait part aux Commissaires du Roi ; & lorsque les conditions ont été définitivement arrêtées, elles sont signées par les Présidens des Ordres & les Députés de la Commission, approuvées par les Commissaires du Roi, & publiées huit jours avant l'adjudication des Fermes qui se fait à éteinte de Chandelle.

La Commission du Commerce & des ouvrages publics se fait rendre compte par le Trésorier, de l'état où se trouve sa caisse, en conséquence des Ordonnances qui ont été expédiées par le Gouverneur de la Province, & en son absence, par le Commandant ou par le Commissaire départi, sur les fonds faits par les états relativement aux ouvrages publics, soit grands chemins, quais & ports de mer, canaux de navigation, fontaines publiques ou autres ouvrages de cette nature. Elle consulte les Commissaires intermédiaires sur l'adjudication & l'emploi des fonds donnés par les Etats pour ces ouvrages. Elle s'instruit de leurs progrès, s'ils sont à leur perfection, ou s'il seroit à propos que les Etats accordassent de nouveaux secours pour les achever. Elle fait la balance de la recette du Trésorier avec sa dépense sur chaque article, & en présente le tableau aux Etats.

Les Députés examinent les projets qui leur sont présentés comme utiles, & pour lesquels on demande aux Etats des secours ou leur protection : ils ne prennent connoissance que des mémoires ou des requêtes qui leur sont envoyés par les Présidens des Ordres, sans qu'ils puissent s'occuper de ceux qui leur seroient adressés directement, non plus que des plaintes ou demandes d'indemnité, sur lesquelles les Bureaux intermédiaires n'auroient pas donné leur avis.

La Commiſſion des Impoſitions s'occupe de tous les objets qui ont rapport à la levée des Subſides.

Les Députés rédigent les repréſentations que les Etats jugent à propos de faire aux Commiſſaires du Roi, avant de délibérer ſur les demandes de Sa Majeſté relatives aux impoſitions : ils en examinent les comptes en recette & dépenſe, & après en avoit fait approuver l'arrêté par les Commiſſaires du Roi, ils en envoient les réſultats au Bureau des Finances, pour qu'il les faſſe entrer dans la vérification de l'état de fonds.

La Commiſſion des Etapes & Cazernement s'occupe des difficultés que la Commiſſion intermédiaire a cru devoir renvoyer à l'Aſſemblée des Etats. Elle propoſe les conditions à inſérer au bail ou régie des étapes ; examine les comptes en recette & dépenſe du cazernement, & en envoie l'arrêté au Bureau des Finances.

La Commiſſion des Domaines & Controlles, qui examinoit les comptes du produit de la régie de ces droits, lorſqu'ils appartenoient à la Province, ne connoît plus, depuis qu'ils lui ont été ôtés, que des plaintes qui ſont préſentées aux Etats, au ſujet des malverſations que les Commis du Fermier peuvent commettre en cette partie.

La Commiſſion des Contraventions raſſemble les

objets ſur leſquels les Etats croient devoir faire des remontrances au Roi. Elle ne peut y inſérer aucun article de plainte concernant les particuliers, à moins qu'il ne ſoit juſtifié par Acte authentique déposé au Greffe des Etats. S'il y a quelques contraventions aux droits de la Province, elle en fait des repréſentations au Bureau des Commiſſaires du Roi. C'eſt auſſi elle qui paſſe avec eux le contrat énonciatif des demandes de Sa Majeſté conſenties par les états & confirmatif des droits, franchiſes & libertés de la Province.

Ces Commiſſions font le rapport des affaires reſpectives dont elles ſont chargées, aux Etats qui peuvent ſeuls rendre des Ordonnances. Mais les prérogatives de ces Aſſemblées, leurs fonctions les plus importantes conſiſtent dans l'exercice des droits conſtitutionnels de la Nation, c'eſt-à-dire, à faire des repréſentations au Roi ſur tout ce qui a rapport à l'ordre public, à la police intérieure, à l'économie politique; à délibérer ſur les demandes burſales qui leur ſont faites; à les conſentir, ſi elles ſont modérées; à en demander le retrait, la modération ou l'abonnement, ſi elles ſont exceſſives ou contraires aux droits de la Province.

Le droit de conſentement s'eſt toujours

exercé par la Nation aſſemblée, excepté dans quelques circonſtances, où le duc ſe contentoit de celui des prélats & barons pour l'établiſſement de quelques impôts locaux & particuliers; par exemple.

Le duc Jean IV, devenu paiſible poſſeſſeur de la Bretagne, après la bataille où Charles de Blois fut tué, voyant que la guerre avoit beaucoup diminué les revenus ordinaires de ſon domaine, voulut ſe procurer des ſubſides par une impoſition ſur les marchandiſes; il penſa que cette levée ne pourroit être d'un meilleur produit dans aucune autre ville qu'à St. Malo qui faiſoit dès-lors un grand commerce. Il requit en conſéquence le conſentement de l'évêque & du Chapitre. Il compoſa avec eux; il convint que l'impôt ſeroit modique & ne dureroit que trois ans; il leur céda le tiers des perceptions qui ſeroient faites dans leurs ports. Le traité qu'il fit avec eux eſt du 20 Juin 1365.

Le même duc fit à-peu-près la même compoſition en Cornouaille, le 11 Août de la même année, par un traité qu'il paſſa avec l'évêque & quelques ſeigneurs hauts-juſticiers du territoire de Quimper.

Le vicomte de Rohan s'étoit plaint d'une levée de trente ſols que le duc Jean V faiſoit au port de Landerneau ſur les vins & autres marchandiſes. Ce prince avoit fait droit ſur la plainte par une ordonnance du 9 Mars 1420, & reconnu que l'impoſition n'avoit été accordée que pour quinze ſols par tonneau par le dernier parlement, & qu'elle ne pourroit être augmentée, à moins que l'augmentation ne fût conſentie aux prochains Etats : mais il ne put l'obtenir, ni même la prolongation des quinze ſols : ce qui l'obligea de retourner l'année ſuivante vers le vicomte de Rohan, pour en continuer au moins la perception dans ſon territoire. Ils convinrent de faire lever juſqu'au jour de Pâques 1423, trente ſols par tonneau dans tous les havres dépendans des ſeigneuries de Rohan, & d'en partager les produits par moitié.

Les Seigneurs ſtipuloient dans ces occaſions pour leurs vaſſaux, qui, comme l'on voit, étoient fort mal repréſentés. On leur accordoit des lettres de non-préjudice pour que leur conſentement ne pût tirer à conſéquence pour l'avenir ; mais ces lettres de non-préjudice étoient véritablement très-préjudiciables au public, qui ſe trouvoit ainſi livré en proie au duc & aux ſeigneurs.

Il eſt à croire que les réclamations de l'ordre

du Tiers firent cesser ces exactions. Ce qu'il y a de certain, c'est que depuis plusieurs siécles la voix des prélats & des barons, se confond dans celle des Etats dont ils sont membres, & dont les assemblées ont seules le droit de consentir aux impôts, sans distinguer s'ils n'intéressent qu'une partie des Bretons, ou s'ils portent sur tous universellement ; encore faut-il que l'avis des trois ordres soit unanime.

Cette loi, dit-on, est fondée sur l'équité naturelle, qui ne permet pas que dans une Assemblée quelconque, composée de trois membres, deux réunis puissent donner ce qui appartient au troisieme ; sur la Constitution politique de la Bretagne, qui ne veut pas que dans une Assemblée Nationale de trois ordres, on puisse en engager un sans son aveu, relativement à un objet qui intéresse moins les Etats comme corps, que chacun des ordres en particulier ; sur les ordonnances de nos Rois les plus formelles, celles de 1355, 1560, 1576, qui, rendues pour les Etats-Généraux du Royaume établissent relativement aux impositions, la nécessité du concours des trois ordres ; enfin sur une possession immémoriale, confirmée par les ordonnances des ducs de Bretagne, & par ticuliérement par les ordonnances de François II, des années 1459, 1463 & 1468.

Cependant Louis XV, par un ordre du 12 Octobre 1762, excepta les impositions de la loi de l'unanimité, pour les soumettre à la pluralité de deux ordres contre un; mais sur les représentations que l'on fit à S. M. Elle le révoqua aux Etats de 1764 (1).

Avant la clôture de l'Assemblée, les commissaires déclarent, au nom du Roi, les Etats

(1) L'Ordre du Tiers propose aujourd'hui un autre plan d'Administration. Il prétend que la Nation étant composée de Privilégiés & de non-Privilégiés, elle doit être représentée par un nombre égal des uns & des autres. Il demande que les délibérations se fassent en commun, que les suffrages se comptent par têtes, & que les arrêtés passent à la pluralité. Il soutient que c'est le seul moyen d'unir toutes les classes de l'Etat par un intérêt commun, & de substituer à l'esprit de Corps qui les divise, un esprit Patriotique ou National. Ces prétentions sont combattues d'un côté comme contraires à l'usage, & soutenues de l'autre comme un retour au droit naturel. Nous ne prendrons aucun parti à cet égard. Nous observerons seulement que la question d'égalité dans le nombre des Députés, vient d'être décidée en faveur du Tiers, pour les Etats-Généraux. Ce qui est un préjugé pour ceux de Province.

confirmés dans tous leurs droits, privilèges & libertés, en renouvellant le contrat qu'il est d'usage de passer avec eux au nom de S. M. dans chacune de leurs Assemblées. Ce contrat, après avoir été ratifié, est revêtu de lettres-patentes, qui doivent être enregistrées dans les cours supérieures de la province, sans aucune modification ni restriction, conformément aux arrêts du Conseil de S. M. des années 1661, 1667 & 1671.

Après la clôture des Etats, une portion de leur autorité subsiste encore dans une commission intermédiaire établie à Rennes, composée de six députés de chaque ordre, & dans huit bureaux particuliers pour les huit autres diocèses, composés chacun de neuf commissaires pris dans les trois ordres.

La commission forme le sommaire des impositions à lever dans chaque évêché, & l'envoye aux commissaires qui y sont établis. Ceux-ci forment les rôles des villes & paroisses qui sont dans leur ressort; ils ont voix délibérative à la commission intermédiaire, lorsqu'ils sont à Rennes; mais elle seule peut rendre des ordonnances de comptabilité, de surcharge, de modération ou de déboutement sur les requêtes des contribuables; après néanmoins avoir pris l'avis des bureaux diocésains, relativement à leurs rôles respectifs : elle seule est chargée de la régie des étapes, fourrages & cazernement, de la manutention des haras & des détails des ouvrages publics qui s'exécutent sur les fonds de la province : elle seule est consultée sur la dépense qu'ils exigent; mais lorsque ces ouvrages sont éloignés, elle doit consulter elle-même, avant de se décider, les bureaux diocésains : c'est elle qui passe les marchés, mais avec l'approbation du gouverneur de la province, ou, en son absence, du commandant en chef & du commissaire départi : enfin elle est chargée de toutes les affaires particulieres que les Etats jugent à propos de lui confier. On y procède par requêtes sur papier libre, comme devant le commissaire départi.

La Commission intermédiaire a toute autorité de contrainte sur tous les citoyens, pour le service du cazernement, sur les Adjudicataires des étapes & autres entreprises relatives au service dont elle est chargée, même sur leurs Sous-Traitans, Associés & Cautions; enfin, sur les personnes & les biens des Receveurs des deniers publics; sans néanmoins qu'elle puisse étendre son autorité sur ceux qui auroient pu sous-traiter avec les Collecteurs, sauf aux généraux des Paroiſſes reſponſables de leur maniement, à pourſuivre les Sous-Traitans dans les tribunaux ordinaires. Les ordonnances qu'elle rend s'exécutent par proviſion, ſauf l'appel au Conſeil : mais elle eſt elle-même obligée d'exécuter proviſoirement les ordonnances de S. M. dans l'adminiſtration des dépenſes du cazernement & des étapes, quoiqu'elles n'aient pas éte notifiées aux Etats.

Toutes les Ordonnances Militaires relatives au cazernement, doivent être envoyées à la Commiſſion intermédiaire; & pour concilier le ſervice du Roi avec le ſoulagement dû aux habitans de la province, elles doivent être exécutées par proviſion, ſauf aux Etats à faire, lors de leurs Aſſemblées, des repréſentations ſur les mémoires de la Commiſſion, dans le cas où quelques diſpoſitions paroîtroient onéreuſes.

Les Requêtes qui ont déjà été rejettées par une Ordonnance du grand Bureau, ne peuvent plus y être admiſes, à moins qu'il n'y ait de nouveaux moyens, ſoutenus de preuves valables, ou que la ſurpriſe & l'erreur ne ſoient évidentes. Il en eſt de même des Requêtes en modération des impoſitions, ſi les Contribuables ne ſe ſont pas pourvus dans les deux ans qui se sont écoulés depuis la notification des rôles.

Les Commissaires intermédiaires font leur rapport aux Etats de toutes les affaires qu'ils ont gérées dans l'intervalle de chaque Assemblée, sauf aux Particuliers à se pourvoir également aux Etats contre les décisions du Bureau.

Ces Commissaires font aussi l'examen des comptes du Trésorier pour les parties qui les concernent, afin d'en vérifier la recette & la dépense : le Procureur-Général-Syndic, & en son absence ses Substituts, sont tenus d'être présens à ce travail, & les comptes sont renvoyés aux Etats, avec les observations des Commissaires.

Outre cette Commission générale, il y en a une particuliere, pour la navigation intérieure de la province. Elle a été établie aux Etats de 1781, à l'occasion des canaux projettés pour la communication de la riviere de Vilaine avec la Rance & la Mayenne. Elle est composée de dix-huit Députés pris dans les trois Ordres.

Les Procureurs-Généraux-Syndics (1) & les

---

(1) Il n'y avoit autrefois qu'un seul Procureur-Général Syndic. M. l'Abbé de Pontbriant, dans le

autres Officiers des Etats ne sont nommés que pour quatre années consécutives, à la fin desquelles ils peuvent être continués, s'ils ont eu la pluralité des suffrages; mais ils peuvent être destitués avant ce terme, sur la requisition de deux Ordres.

Les Etats, avant de se séparer, nomment des Députés pris dans tous les Ordres, tant pour la Cour, que pour entendre les comptes du Trésorier de la province. C'est ce qu'on appelle grande & petite députation.

Depuis quelque temps, les Etats étoient dans l'usage d'avoir égard, lorsqu'ils nommoient ces Députés, à la recommandation du Gouverneur de la province. Ce qui n'étoit d'abord qu'une

---

détail historique qu'il a fait imprimer touchant ces Officiers, nous apprend que Bonable Biet avoit commencé par être solliciteur de procès; mais il se comporta en Citoyen dans la Place de Procureur-Général-Syndic, il y montra même tant de fermeté, que le Cardinal de Richelieu demanda sa révocation, sous prétexte de sa naissance. Ce que les Etats refuserent, en attestant que, si leur Officier n'avoit pas de titres, ils étoient suppléés par la noblesse de ses sentimens. On a ôté depuis tout prétexte de réclamation, en ne nommant que des Gentilshommes aux deux Places de Procureurs-Généraux Syndics.

déférence étoit devenu insensiblement une entrave. Sur la réclamation des Etats, le Roi décida par Arrêt de son Conseil du 4 Novembre 1780, que la recommandation de M. le Gouverneur n'étoit pas un droit : mais S. M. ordonna en même temps, que les Députés ne pourroient être choisis que parmi ceux qui auroient obtenu son agrément. Dès que les Etats eurent connoissance de ce jugement, ils représenterent au Roi, que si l'agrément étoit substitué à la recommandation, leur choix seroit encore moins libre qu'auparavant; que ce ne seroient plus eux qui députeroient vers S. M.; que ce seroit S. M. qui députeroit à elle-même; que le droit des Electeurs, le droit des Sujets éligibles, le droit de recours au Prince, que la province tient essentiellement de sa constitution, seroient en même temps anéantis : ils demanderent en conséquence la révocation de l'Arrêt du Conseil, & l'espoir qu'ils avoient de l'obtenir de la justice du Roi, n'a pas été déçu. S. M. leur a permis dans le mois de Mars 1783, de nommer librement des Députés pour lui faire des représentations sur la liberté des députations : ce qui a été d'un bon augure. En effet les Députés sont revenus avec une lettre de la main même de S. M., par laquelle elle mandoit aux

Etats qu'elle leur laissoit l'entiere liberté du choix de leurs Députés, tant auprès d'elle, qu'auprès de la Chambre des Comptes, en y procédant dans les quinze premiers jours de leur Assemblée,

CHAPITRE

CHAPITRE IV.

Des anciennes Cours de Justice, du Parlement, de la Chambre des Comptes & autres Jurisdictions considérées dans leurs rapports avec le Droit Public de la province.

TANDIS que les Gens de Cour arrachoient des fiefs & des domaines aux foibles descendans de Charlemagne, la même institution se formoit en Bretagne, lors des guerres que Noménoé, Héruspée & Salomon eurent à soutenir pour recouvrer ou défendre leur indépendance. Ces Princes avoient besoin de serviteurs : faute d'argent, ils donnent des gages, à la charge du service en temps de guerre, dans leurs tribunaux, ou auprès de leur personne (1). Ces bénéfices à vie deviennent insensiblement des fiefs héréditaires. Les premiers inféodés font à leur tour des sous-inféodations : de-là les différens ordres de vas-

(1) Voyez Hevin, sur Frain, chap. 86, num. 7 & suivans. Voyez aussi les questions féodales du même Auteur, pag. 275, num. 4.

faux; de-là aussi les différens degrés de justice seigneuriale.

Celle du Baron étoit la plus éminente (1),

(1) Les Barons sont en Bretagne à la tête de la Noblesse. Ils la précédent de droit aux Etats, & de tous tems ils ont été les Conseillers nés de ces Assemblées. Par les Lettres d'érections de Malétroit, Derval & Quintin en Baronnies, le Duc Pierre II veut que les nouveaux Barons soient *dits & nommés censés & réputés en perpétuel à avoir, tenir & user au tems advenir, de tous Droits, Privileges & Noblesses appartenans à Barons & que ès Parlemens, Conseils, Conventions & Etats, ils soient convoqués & oüis & tenus eux comparoir comme les autres Barons du Pays.*

Les anciens Barons s'étoient arrogé, non-seulement le droit de Justice en dernier ressort, mais encore celui de faire la guerre, & même à leur Souverain. Ils avoient des Héraults d'Armes, faisoient battre monnoie, jouissoient du droit d'aubaine ; quelques-uns même avoient une Chambre des Comptes, & s'ils n'y a pas de preuve qu'ils ayent eu le droit d'ennoblir, ils avoient au moins assez d'autorité pour procurer la Noblesse. D. Morice assure, (Préf. du t. II, des Preuves, pag. 13.) que plusieurs maisons respectables n'avoient pas d'autre origine, & l'on peut en croire cet Historien qui avoit fouillé dans toutes les archives de la Province. Mais l'imposition des fouages mit fin à cette sorte d'ennoblissement, ou du moins le rendit plus

Il pouvoit seul, après le Duc, prononcer la peine du feu; les autres Justiciers infligeoient

---

difficile. Les Roturiers sur qui cet impôt tomboit, n'épargnerent aucun des Privilégiés dont ils purent contester l'état, & le Duc qui avoit moins à gagner avec ceux-ci qu'avec des contribuables, ne manqua pas d'accueillir leurs réclamations, de sorte qu'il y a eu depuis beaucoup moins de Nobles intrus.

La Noblesse née avec les fiefs devint, ainsi qu'eux, héréditaire en Bretagne comme en France. Mais elle a de plus en cette Province un privilége particulier. Si elle s'y acquiert comme dans le reste du Royaume, elle ne s'y perd pas de même. La dérogeance, quelque longue & complette qu'elle soit, suspend seulement ses exemptions : *dormit, non extinguitur* : & pour la réveiller, il suffit que le Noble dérogeant, déclare devant le Juge Royal de son domicile, qu'il veut reprendre l'exercice de sa Noblesse, conformément à l'article 561 de la Coutume. Feu M. Duparc Poullain prétendoit même que cette Déclaration n'étoit nécessaire que pour empêcher l'imposition aux charges roturieres pour l'avenir, & que, de plein droit, le Noble reprenoit ses Priviléges au moment même qu'il abandonnoit l'état de dérogeance.

Dom Morice paroît étonné de trouver, dans le quatorzieme siecle, des maîtres de Verrerie, avec le titre d'Ecuyer; tandis que des Gentilshommes étoient obligés de quitter le commerce, & même d'obtenir des Lettres de réhabilitation pour jouir les autres peines ; &, comme dit Hévin, ils condamnoient le matin, & faisoient exécuter l'aprés-dînée ; justice expeditive d'où naquit la maxime, *nulle terre sans Seigneur.*

Cependant le régime féodal n'étoit pas encore à son comble ; il y parvint pendant le cours des guerres qui affligerent la Bretagne, sous les regnes de Conan IV, Geoffroi II, & Pierre Mauclerc. Les Seigneurs qui étoient obligés de faire le service de leurs fiefs (1) à l'ost

---

des Priviléges de la Noblesse : mais sa surprise auroit cessé, s'il eût considéré que, dans tout ce qui est de convention, l'opinion & le préjugé manquent rarement d'entraîner quelque inconséquence. Aujourd'hui même, suivant l'article 4 de la Déclaration du 26 Juin 1736, il n'y a que le commerce Maritime qui ne déroge pas conformément à l'Ordonnance de la Marine. La dérogeance du commerce de terre, même en gros, qui étoit constante en Bretagne, avant l'Edit de 1701, n'a pas cessé par l'effet de cette Loi qui n'a pas été enregistrée au Parlement de Rennes, & l'article 14 de la Déclaration de 1736, a confirmé cette dérogeance, en la prononçant contre ceux qui font usage de bourse commune & trafic de Marchandises.

(1) Ce service étoit dû, sous peine de saisie de la Seigneurie. Les femmes & les moines n'en étoient pas exempts ; ils fournissoient des hommes. Ce service forcé qui étoit la principale redevance des

du Duc, cessérent de rendre la justice en personne, & le pouvoir déjà oppressif qu'ils avoient en main, devint barbare entre celles de leurs Substituts.

Tandis que le haut, le moyen & le bas Justicier jugeoient chacun à sa maniere les délits particuliers, le Parlement général de la nation, son Duc en tête, connoissoit des crimes d'Etat & autres affaires majeures : mais sa justice suprême, déjà presque éclipsée par la puissance

---

fiefs, n'a plus lieu depuis l'établissement des troupes réglées. Mais ils doivent encore la foi & hommage, le rachat, les lods & ventes. Les Sergenteries fieffées, les Vairies ou Vicaireries sont de plus sujettes à quelques autres devoirs particuliers; mais elles en sont dédommagées par des droits de havage. Tout change avec le tems : le service militaire qui étoit autrefois une charge pour les possesseurs de fiefs, est aujourd'hui pour la Noblesse une source d'honneurs & de fortune; au point qu'un Ministre a cru, avec raison, lui faire sa cour, en lui réservant, par une Déclaration formelle, toutes les places d'Officiers : d'un autre côté, le service forcé est retombé sur la Roture, par l'établissement des milices. Il est vrai qu'on ne leur a pas donné de fief avec la Noblesse héréditaire & inextinguible; mais elles sont assez bien soudoyées pour ne pas mourir de faim.

féodale, reçut une nouvelle atteinte par le traité de Pierre Mauclerc & de St. Louis. Cet ouvrage d'une politique adroite, mais qui eut des suites fâcheuses, ne laissa pas d'être un exemple que le Parlement général suivit utilement pour la nation, en recevant l'appel de tous ceux qui avoient à se plaindre, non-seulement des Justices Seigneuriales, mais encore des Sénéchaussées & Barres Ducales.

Les procès se multiplierent bientôt, & les Etats ne pouvant plus rester assemblés autant de temps qu'il en falloit pour satisfaire ceux qui reclamoient leur justice; on prit dans les trois Ordres des personnes éclairées, pour juger les appellations des Cours inférieures: ainsi la nation étoit alors jugée par ses Pairs.

Après que les Etats avoient reglé les affaires les plus importantes, les Commissaires s'assembloient dans le même lieu, pour entendre les Parties plaignantes, & leur rendre justice. Les Ducs se trouvoient à ces Assemblées, lorsqu'ils le jugeoient à propos. Les Barons avoient droit aussi d'y assister, comme Pairs de la nation, & il y avoit dans l'auditoire un banc distingué pour eux. Si les Commissaires ne pouvoient terminer tous les procès avant l'hiver, ils interrompoient leurs séances pendant la mauvaise ſaiſon & les reprenoient au commencement du printemps. Les avantages que l'on retira de cette Commiſſion, engagerent le Duc François II à établir un Parlement ordinaire & ſédentaire en la ville de Vannès, par ſes Lettres du 27 Septembre 1485, conſenties par les trois Ordres du Duché. Il le compoſa du Préſident de Bretagne, des Sénéchaux de Rennes & de Nantes, de cinq Conſeillers Eccléſiaſtiques, de ſept Conſeillers Laïcs, & du Greffier du Parlement général. Il ordonna que ce tribunal, auquel on donna le nom de *grands jours*, s'aſſembleroit tous les ans le 15 Juillet, & vaqueroit au jugement des affaires juſqu'au 15 Septembre ſuivant. Ces grands jours ſe tinrent exactement pendant la vie du Duc François II. Le Roi Charles VIII les rétablit en 1493, & les fit tenir par deux Préſidens, huit Conſeillers Clercs, dix Conſeillers Laïcs, un Greffier & deux Huiſſiers. Il les convoqua encore en 1494 & 1495. Enfin, par des Lettres du 27 Novembre ſuivant, il ordonna qu'ils ſe tiendroient tous les ans, depuis le premier jour de Septembre juſqu'au 8 Octobre. L'Edit qu'il donna à cet effet fut lu & publié le dernier jour de Mai 1497, *en la Congrégation & Aſſemblée des Seigneurs des Etats du Duché.*

Le Dauphin François survécut peu à l'union de la Bretagne à la France. Sa mort ayant fait passer la Couronne ducale sur la tête de son frere Henri, ce Prince débuta par rendre *hommage-lige* au Roi son pere. C'est-à-dire, qu'il reconnut pour fief ce qui n'avoit été donné en fief, ni à lui, ni à ses Prédécesseurs. Il envoya des Français, Conseillers au Parlement de Paris, ou Maîtres des Requêtes, tenir les grands jours; & dès que son vasselage volontaire fut éteint par son avénement au Trône, il résolut d'établir en Bretagne un Parlement tel que ceux qui existoient en France.

Il est vrai que l'utilité des *grands jours* ne pouvoit être que bornée, à cause du peu de durée de leur séance, & sur-tout parce que leurs jugemens étoient sujets à l'appel au Parlement de Paris. Il falloit aller loin solliciter une justice qui se faisoit attendre long-tems. Aussi Henri II allégua-t-il les plaintes du Public, lorsqu'il suprima les grands jours, pour créer à la place un Parlement dont les assises fussent plus longues, & qui connût en dernier ressort de toutes matieres civiles, criminelles & bénéficiales, avec l'autorité, pouvoir & prééminence, honneurs, droits, revenus & émolumens dont jouissoient les autres Cours souveraines du Royaume, & dont avoient joui le Parlement & le Conseil de Bretagne,

L'Edit de Henri II est du mois de Mars avant Pâques, 1553, & fut enregistré le 4 Mai de l'année suivante au Parlement de Paris, qui ne consentit à se dessaisir qu'après beaucoup de difficultés. On y voit que le nouveau Parlement fut composé de quatre Présidens, de trente-deux Conseillers, deux Avocats-Généraux, un Procureur-Général, deux Greffiers, l'un civil, l'autre criminel, six Huissiers, un Receveur & Payeur des gages, un Receveur des amendes, &c.

Le Roi voulut que seize Conseillers fussent Bretons; & que les seize autres, avec les quatre Présidens, fussent des autres Provinces du Royaume. Il annonçoit que ces derniers offices seroient remplis par des Présidens, Maîtres des Requêtes ou Conseillers des autres Cours souveraines. L'un des Avocats-Généraux devoit être aussi extra-provinciaire; ce qui a été observé jusqu'à la Déclaration du 15 Octobre 1714, qui porte que les deux charges d'Avocats-Généraux peuvent être possédées indifféremment par des Bretons ou des François.

De là, cette distinction particuliere au Parlement de Bretagne & qui existe encore aujourd'hui entre les charges Françoises & Bretonnes, entre les offices originaires & non originaires; distinction qui a donné lieu à un Reglement de la Cour, autorisé par Arrêt du Conseil du 15 Janvier 1684; il y est dit, que ceux qui sont venus ou qui viendront des autres Provinces du Royaume s'établir en celle de Bretagne, autrement que pour exercer dans le Parlement des charges de Présidens ou de Conseillers, & y ont eu ou auront, eux ou leurs descendans, leur principal domicile pendant l'espace de quarante ans, seront réputés originaires de Bretagne, & ne pourront posséder des offices non originaires. Pareillement, les Bretons qui auront eu leur domicile, pendant le même espace de tems, hors de la Bretagne, ne pourront posséder des offices originaires. Ceux qui ont possédé ou posséderont pendant quarante ans des charges non originaires, seront réputés *in æternum* eux & leurs descendans par mâles, non originaires, excepté néanmoins ceux qui ont été pourvus & reçus dans les charges non originaires, autrement que comme non originaires; en ce cas, leurs enfans & petits-enfans, par mâles, pourront posséder les charges de leurs peres & grands-peres seulement, immédiatement & sans interruption.

Les Officiers de la création de Henri II furent distribués en deux Chambres, l'une séante à Nantes, & l'autre à Rennes. Celle-ci fut bientôt unie à la premiere par Edit du mois de Juin 1557. Mais Charles IX, par un autre Edit du 4 Mars 1560, transféra l'une & l'autre à Rennes, & y rendit le Parlement sédentaire.

Originairement, les deux Chambres tenoient alternativement leurs séances, qui devoient durer chacune au moins trois mois chaque année. Henri II voulut qu'elles les prorogeassent jusqu'à quatre, si les affaires l'exigeoient, ce dont il chargeoit leur honneur & conscience ; & pour que la Justice Criminelle ne fût pas interrompue, il ordonna que l'un des Présidens, & huit Conseillers originaires, formassent une Chambre des Vacations pour l'expédition des Procès criminels ; & que pour completter le nombre de dix Juges au moins, ils appellassent des Conseillers de la Cour ou des Présidiaux, ou d'autres Juges & Officiers, ou enfin d'anciens Avocats. Il assigna des honoraires aux uns & aux autres, tant sur les deniers de la recette générale de la Province, que sur le produit des amendes civiles & criminelles.

Henri IV voulut, par Edit du mois de Juillet 1600, que les séances fussent de six mois ; &

Louis XV, par Edit du mois de Mars 1724, réunit les deux sémestres en une seule Cour de Parlement ordinaire.

Comme il a été établi à l'instar de celui de Paris, qui a pour Conseillers nés, l'Archevêque de cette Ville & l'Abbé de S. Denis, Henri II avoit ordonné que les Evêques de Rennes & de Nantes eussent pareillement séance & voix délibérative au Parlement de Bretagne; & pour qu'il ne manquât rien à cet établissement, ce Prince révoqua le pouvoir qu'il avoit donné aux Siéges Présidiaux de connoître en dernier ressort des matieres criminelles, & suprima une partie des Officiers de l'ancienne Chancellerie de Bretagne, qui, sous le titre de Conseil, connoissoit du possessoire des bénéfices.

Le Roi voulut que cette Chancellerie ne fût composée à l'avenir que d'un Garde-Scel qui seroit en même tems Conseiller au Parlement, de dix Secrétaires, d'un Scelleur, de quatre Rapporteurs & d'un Huissier. Il ordonna que ces Officiers prendroient, ainsi que ceux du Parlement, de nouvelles provisions, & qu'ils se conformeroient les uns & les autres, tant pour les mercurialles, que pour l'exercice de leurs offices, aux Réglemens, usances, styles & formes du Parlement de Paris.

Nous ignorons si les Officiers de l'ancien Parlement furent admis à remplir les offices originaires du nouveau; nous voyons seulement, par l'Edit de création, qu'Henri II se proposoit de donner la charge de second Président à Jullien de Bourgneuf qui avoit déjà exercé un pareil office dans les grands jours. Comme les Présidens de nouvelle création devoient être non originaires, le Roi déclara que les provisions qu'il lui feroit expédier, ne tireroient pas à conséquence pour l'avenir.

Mais originaires ou non, les Officiers du Parlement doivent être Gentilshommes. Un arrêté pris par cette Cour le 9 Janvier 1677, Chambres assemblées, porte que, « sous le bon plaisir » du Roi, il ne sera reçu aucuns Presidens, » Conseillers, ni Gens du Roi qui ne soient » d'extraction Noble, ou de condition avan- » tageuse ».

Deux autres arrêtés du 2 Janvier 1732, & 9 Août 1756, confirmés par une délibération du 15 Décembre de l'année suivante, portent que, « conformément à l'ancien usage, tous » récipiendaires, autres que ceux qui sont issus » de Maîtres en ligne masculine, seront tenus » d'attacher à leur Requête, afin de réception, » les Arrêts ou Sentences de maintenue de

» Noblesse, obtenus par leurs auteurs lors de
» la réformation de 1666 ».

Il faut que ces arrêtés aient eu leur exécution, puisque Louis XIV, par une Déclaration du 8 Mai 1708, enregistrée au Parlement le 20 Août suivant, dispensa cette Cour de lever les quatre dispenses d'un degré de service que Sa Majesté avoit accordées, tant au Parlement, qu'aux Chambres des Comptes & Cours des Aides, pour pouvoir acquérir la Noblesse héréditaire au premier degré. Et tout récemment encore, le Roi vient d'ordonner, par Arrêt du 6 Septembre 1775, que ceux qui seront reçus dans les charges de premier Président, Président à mortier, Procureur-Général, Avocats-Généraux, & Conseillers au Parlement de Bretagne, seront dispensés *comme Nobles* du payement du droit de Marc d'Or de Noblesse, sans qu'ils soient tenus de représenter leurs titres pour obtenir un Arrêt de dispense particulier (1).

La compétence du Parlement de Rennes a toujours été la même; mais sa Jurisdiction s'est accrue par la réunion qui lui a été faite en 1704, de l'ancienne Chambre des Eaux & Forêts de

---

(1) Voyez un Arrêt du Parlement de Rennes, du Mercredi 7 Octobre 1778.

Bretagne; par l'attribution, en 1706, des appellations procès & différends concernant les fermes des grands & petits devoirs de la Province; en 1726, des appellations, des Sentences consulaires; enfin, en 1736, & avec plus d'étendue, en 1770, du fait de Noblesse, relativement à ceux qui veulent avoir entrée aux Etats.

Ces attributions successives & la multiplication des affaires, causée par les progrès du Commerce & de l'Agriculture, sont sans doute au nombre des principaux motifs qui ont déterminé nos Rois à augmenter le Parlement d'une Chambre des Enquêtes en 1557, d'une Tournelle en 1577, & de deux Chambres des Requêtes, réunies en une seule en 1724; créations dans lesquelles on a toujours observé la distinction des originaires & des non originaires. Mais le nombre des Officiers s'est accru dans une plus grande progression: ils étoient plus que le triple de leur création, lorsqu'ils se crurent obligés, en 1765, de donner la démission de leurs offices. Ils furent rappellés d'abord en partie par Lettres-Patentes du 9 Janvier de l'année suivante; & ensuite, pour l'universalité, par Edit du mois de Juillet 1769; mais par un désastre commun à toute la Magistrature du Royaume, l'Edit de

ſuppreſſion du mois de Septembre parut......
Un jour plus calme a ſuccédé : Louis XVI a monté ſur le Trône, & tout eſt rentré dans l'ordre.

Nous ne parlerons point de la commiſſion du Conſeil, ſubſtituée au Parlement pendant ſon abſence, non plus que de ce Parlement éphémere où devoit ceſſer toute diſtinction entre les offices originaires & non originaires. Nous laiſſons auſſi à l'hiſtoire le ſoin de retracer les divers incidens qui ont amené les événemens que nous venons d'indiquer. Mais nous dirons un mot de ce qui a occaſionné les démiſſions. Cet incident tient de trop près au Droit Public de la Bretagne, pour le paſſer ſous ſilence.

On adreſſa en 1763 au Parlement de Rennes la Déclaration du 21 Novembre, portant création en Bretagne de deux ſous pour livre en ſus des droits de toute eſpece.

La Cour l'enregiſtra le 5 Juin 1764, pour être exécuté ſuivant ſa forme & teneur, *ſans néanmoins préjudicier aux droits, franchiſes & libertés de la Province*. Les Procureurs Généraux Syndics, inſtruits que cette modification n'empêchoit pas le Fermier de lever l'impôt additionnel ſur les droits d'entrée & de ſortie, quoiqu'il eût été abonné pour 700000 liv. prirent

prirent la voie qui leur étoit tracée par les loix confirmatives des droits de la Province, & particulierement par l'Edit de Henri III, du mois de Juin 1579 : ils formerent opposition à l'Arrêt d'enregistrement ; & le Parlement, pour arrêter la levée provisoire, rendit un Arrêt de défenses. Ces Arrêts sont cassés ; l'opposition des Etats est évoquée ; ils en sont déboutés, sous prétexte que l'impôt additionnel sur les droits d'entrée & de sortie n'avoit pu ni dû entrer dans l'abonnement. Nouvelle Déclaration du 8 Mars 1765, qui ordonne l'exécution de celle de 1763 ; injonction au Parlement de l'enregistrer purement & simplement. La plupart des Magistrats crurent que leur honneur seroit compromis par l'enregistrement qu'ils regardoient comme contraire aux Constitutions de la Bretagne ; ils préférerent de renoncer à leur état.

Le jour de leur rétablissement, ils enregistrerent un Edit qui leur prescrit les mêmes regles qu'aux autres Cours Souveraines du Royaume, touchant leur discipline, la convocation des Chambres, & même les enregistremens.

Cet Edit porte, article 23, que lorsqu'il *sera adressé aux Parlemens des Ordonnances*,

Edits, Déclarations & Lettres-Patentes, avec lettres clauses, pour être enregistrés, ils soient tenus de procéder à cet enregistrement, sans retardement, & toutes affaires cessantes.

Article 24, que *si, en procédant à cet enregistrement, les Officiers des Parlemens trouvoient qu'il y eût lieu, pour le bien du service du Roi, & pour l'intérêt du Public, de faire des représentations, ils pourront faire telles remontrances qu'ils estimeront convenables, sans néanmoins que, pour leur rédaction, le service ordinaire puisse être interrompu.*

Article 25, *qu'ils vaqueront à la confection de ces remontrances & représentations, aussi-tôt qu'elles auront été arrêtées, ensorte qu'elles soient présentées au Roi dans deux mois, au plus tard, à compter du jour où les Ordonnances, Edits & Déclarations leur ont été remis par les Avocats & Procureurs Généraux.*

Article 26, *lorsqu'il aura plu au Roi, après avoir répondu aux remontrances de ses Parlemens, de faire publier & enregistrer en sa présence dans le Parlement de Paris, ou dans les Parlemens de province en présence de personnes chargées de ses ordres, aucunes Ordonnances, Edits, Déclarations & Lettres-Patentes, Sa Majesté veut que rien ne puisse en suspendre l'exécution, & que son Procureur Général soit tenu de les envoyer dans tous les Siéges du ressort, pour y être publiés & exécutés.*

Article 27. *Dans le cas néanmoins où les Officiers des Parlemens, après avoir procédé à l'enregistrement des Ordonnances, Edits, Déclarations & Lettres-Patentes, du très-exprès commandement du Roi, & après la publication & enregistrement qui auroient été faits en sa présence, ou en celle des personnes chargées de ses ordres, estimeront devoir encore, pour le bien de son service, lui faire de nouvelles représentations, ils le pourront ; & cependant l'exécution des Ordonnances, Edits, Déclarations & Lettres-Patentes ne sera suspendue en aucune maniere, ni sous aucun prétexte.*

Quelque opposées que ces dispositions paroissent aux droits constitutionnels de la Province, on peut les concilier, en considérant que la loi la plus formelle est sujette aux exceptions de droit, lors même qu'elles n'y sont pas exprimées.

Cependant on conçoit que des Magistrats-Citoyens doivent être embarrassés lorsqu'on leur adresse des Edits bursaux qui n'ont pas été consentis par la Province. S'ils enregistrent purement & simplement, ils contreviennent à ses droits. S'ils refusent, ils manquent au Souverain dont ils tiennent leur pouvoir. Enregistreront-ils avec la clause *sauf les droits de la province*? Ils se constitueront juges entre le Roi & la nation. Mais de quel côté pencheront-ils entre des droits & des loix diamétralement opposés. Ils se retrouveront dans le même embarras. Il n'est pas surprenant qu'une constitution aussi contradictoire ait quelquefois occasionné des altercations qui peuvent arrêter le mouvement de la machine politique, & qui ne devroient avoir lieu dans aucun Gouvernement.

On a dit que l'enregistrement & la publication d'une loi n'étoient que des formalités pour la faire connoître aux Juges & au peuple, afin d'en procurer l'exécution. Rien n'est plus certain dans les Sieges inférieurs de Justice; mais il n'en est pas de même dans les Cours Souveraines, comme le prouve l'Edit de rétablissement du Parlement. Et quand cet Edit n'existeroit pas; quand il seroit vrai en général, que la publication & l'enregistrement d'une loi ne fussent que de simples formalités, cette regle n'auroit pas lieu en Bretagne, où la nation a des droits fondés sur des loix positives & vivantes. Dès que ces constitutions doivent être à l'abri de toute atteinte, il est nécessaire que les Magiſtrats examinent ſi les loix qu'on leur adreſſe pour être enregiſtrées, n'y ſont pas contraires. Ainſi ils ont néceſſairement en Bretagne le droit de vérification, & par conſéquent celui de remontrances touchant les décrets inconſtitutionnels.

On diſſimuleroit en vain l'abus que la Finance ne fait que trop ſouvent des enregiſtremens. C'eſt le moyen dont elle s'eſt ſervi pour introduire en Bretagne des impoſitions non-ſeulement ſans le conſentement de cette Province, mais malgré ſes réclamations. Telle eſt, entre autres, la pancarte des Ports & Havres; c'eſt une compilation qui n'a d'autre légalité qu'un Arrêt de la Chambre des Comptes du 25 Juin 1565, portant que *le tout ſeroit exécuté par proviſion, juſqu'à ce que par le Roi il en eût été autrement ordonné, & ſauf à ajouter ou diminuer.*

Un Arrêt ainſi conçu & rendu ſur un tarif qui n'avoit pas été ſeulement communiqué à la Province, étoit doublement ſuſceptible d'oppoſition. Les Etats ſe ſont inſcrits en faux contre la Pancarte; ils ont fait voir qu'on y avoit cité des Ordonnances qui n'exiſtoient nulle part, & confondu les anciennes coutumes avec des additions interpollées qui n'avoient d'autres garants que des Regiſtres dépourvus de forme légale, &

long-temps ſujets à des inſertions furtives. Cependant cette Pancarte eſt exécutée.

Il n'eſt pas ſurprenant que dès 1567, les Etats aſſemblés à Vannes ſe ſoient plaints hautement des contraventions aux droits de la Province. Ils repréſenterent à Chales IX que *par le contrat de la feue Reine Anne, & union du Duché à la Couronne de France, il étoit entre autre choſes expreſſément porté que ſans le conſentement des trois Etats ne ſeront levés aucuns deniers, ni impoſés aucuns nouveaux devoirs, ſubſides & impôts audit pays de Bretagne.*

Les Généraux des Finances furent d'autres inſtrumens dont les Traitans ſe ſervirent pour éluder les droits de la Province : ce qui obligea les Etats de renouveller leurs plaintes au Roi en 1576. Ils ſupplierent Sa Majeſté *de mettre en conſidération leurs précédentes remontrances & doléances, & d'ordonner que les pactions & accords faits au mariage de la feue Anne Ducheſſe de bonne mémoire, avec Charles VIII & Louis XII, & par l'union du Duché à la Couronne de France, ſoient inviolablement obſervés ; ſuivant leſquels qu'il ne ſoit dorénavant fait aucune levée de deniers ſans le conſentement des Etats, & défenſe aux Généraux des Finances d'en faire aucun département, à faute de quoi les Etats protestent dès à présent d'injustice contre eux, & les prennent à partie pour leur faire en leur privé nom réparer le tout.*

Deux ans après, les Etats assemblés à Rennes en 1578 supplierent encore le Roi d'ordonner qu'*aucune Commission décernée pour la levée de quelques deniers extraordinaires ne fût exécutée, qu'elle n'eût été vue préalablement, & consentie par les Etats.*

Les Etats assemblés extraordinairement à Rennes l'année suivante réitérerent la même remontrance. Les Commissaires du Roi, à la tête desquels étoit le Dauphin, répondirent... *a été vérifié que les anciens privilèges du pays sont conformes au contenu dans cet article* : ce qui fut suivi de l'Edit de 1579, par lequel Henri III permit de former opposition aux Decrets Bursaux qui seroient enregistrés dans les Cours sans avoir été déliberés & consentis par la Province.

Cependant les Généraux des Finances ne laisserent pas de lever en 1586, 8000 écus sur les foüages, quoique cette somme n'eût pas été consentie. Les Etats assemblés extraordinairement à Ploërmel en 1587 se plaignirent au Roi de cette contravention. Le Conseil de Sa Majesté répondit que les 8000 écus imposés avoient été demandés par le Roi; mais qu'ils avoient été ómis dans la délibération des Etats, & que Sa Majesté n'avoit pu exempter le pays d'une somme qui avoit été destinée pour les nécessités de son Etat. L'Assemblée justement alarmée d'un systême si contraire aux droits de la Province, nomma, le 27 Septembre de la même année, des Députés dans tous les Diocèses pour s'opposer aux levées indues qui pourroient être faites au préjudice des libertés du Pays.

Les Etats s'étant assemblés à Rennes l'année suivante, suplierent le Roi de conserver les droits de la Province, & de n'y permettre aucune création ou levée extraordinaire de deniers qui n'eussent été accordés. La réponse du Conseil du Roi à cette supplique fut plus favorable que la précédente. Elle est conçue en ces termes : *Entend Sa Majesté qu'il ne se fasse ci-après aucune levée de deniers extraordinaires sans l'avis & le consentement des Etats du pays ; lesquels Etats elle veut maintenir en leurs franchises & libertés, selon qu'ils en ont bien & dument joui & jouissent à présent.*

Depuis 1588 jusqu'en 1631, les droits de la Province furent respectés ; mais il n'en fut pas de même l'année suivante. Pour payer les gages des Officiers du Parlement & de la Chambre des

Comptes, la levée des foüages avoit été ordonnée sans le consentement de la Nation pour les années 1632 & 1633. Le Prince de Condé qui tenoit les Etats, crut devoir s'expliquer à ce sujet avant de procéder aux baux. Il déclara que le Roi n'avoit point eu intention par cette Ordonnance de préjudicier aux droits de la Province, mais seulement d'éviter les inconvéniens du retardement dans le paiement des Officiers.

Les Etats parurent se contenter de cette déclaration. Ils ne firent aucune mention de la contravention dans leurs remontrances ; mais ils crurent devoir suplier encore le Roi d'ordonner qu'aucun Edit pour levée de deniers ne pût être exécuté en Bretagne, *avant qu'il eût été présenté & consenti aux Etats.*

Le Conseil du Roi répondit.... *Sa Majesté veut que conformément aux Privilèges* (1) *accordés*

---

(1) Dans plusieurs Chartes, Edits ou Lettres-Patentes, donnés depuis l'union, touchant les Droits de la Bretagne, on les a qualifiés de *Priviléges* : quelquefois on a joint ce mot à ceux de *Droits* & de *Franchises* ; souvent on l'a employé seul ; on a même avancé que ces *Priviléges* avoient été *accordés* par les Ducs de Bretagne, assertion aussi peu juste dans le fait que dans l'expression. Qu'est-ce qu'un *Privilége ?*

de tout temps, & à l'Edit de 1579 vérifiés ès Cours Souveraines dudit pays, aucun Edit pour levées extraordinaires de deniers ou autres innovations à l'état dudit pays ne se pourront faire, qu'il n'en ait été communiqué avec les Etats dudit pays en leurs Assemblées.

Cette disposition a été renouvellée ou con-

C'est un avantage que le Prince accorde gratuitement ou à prix d'argent, mais toujours contre le droit commun. Il s'ensuit qu'une grace de cette espece peut être révoquée à volonté. Souvent même on l'ôte avec plus de justice qu'on ne l'a accordée. En seroit-il de même des *droits*, *franchises & libertés* de la Bretagne ? Ils n'ont point été accordés par les Rois de France, puisque les Bretons en jouissoient avant l'union. Ils n'ont pas plus été accordés par les Ducs de Bretagne, qui, tout au contraire, tenoient des Bretons leur Couronne. Si ces Princes ont donné des Chartes concernant ces Droits, ce sont des Chartes de confirmation ou de reconnoissance. On n'en citera aucune de concession, à quelque époque qu'on veuille remonter. Aussi, les Droits dont il s'agit, sont ils nés avec la Nation Bretonne. Ils sont aussi anciens qu'elle ; ils dérivent essentiellement de son Gouvernement ; &, bien loin qu'ils lui ayent été accordés contre le droit commun, ils ont toujours formé & forment encore aujourd'hui le droit commun, le droit public de la Bretagne.

firmée au moins implicitement par tous les contrats qui se sont passés depuis entre le Roi & la Province. Ces contrats sont revêtus de Lettres-Patentes qui sont enregistrées tant au Parlement qu'à la Chambre des Comptes. On ne laissa pas d'adresser à ces Cours en 1764 la déclaration du 21 Septembre de l'année précédente, portant création d'un impôt additionnel sur les droits d'entrée & de sortie, quoiqu'elle n'eût pas même été communiquée aux Etats. Le Parlement ordonna qu'elle *seroit exécutée suivant sa forme & teneur, sans néanmoins préjudicier aux droits, franchises & libertés de la province*. La Chambre des Comptes enregistra la même déclaration avec cette clause; *parce que la levée des nouveaux impôts ne pourroit être faite qu'après avoir été délibérée & consentie dans l'Assemblée des Etats.* Ces modifications dictées par l'équité des Magistrats, n'imposerent point au Fermier. Il mit ses Agens en œuvre comme si les enregistremens étoient purs & simples.

Le Parlement enregistre tout ce qui a rapport à l'ordre public, & les Chambres-des-Comptes, toutes les loix relatives aux Finances, & même les contrats qui se passent à chaque tenue d'Etats entre le Roi & la province.

La Chambre des Comptes de Nantes eſt composée d'un premier Préſident, de ſept autres Préſidens, de trente-un Conſeillers Maîtres, de trente-deux Conſeillers Secrétaires, d'un Procureur-Général, de deux Avocats-Généraux, &c. Elle eſt très-ancienne; elle connoiſſoit ſous les Ducs de Bretagne, de la Comptabilité, & des Finances du Duché. Sa compétence eſt la même aujourd'hui. Différentes Ordonnances lui ont attribué ou confirmé l'examen des comptes des décimes & autres provenans des levées ſur les bénéfices, des deniers levés par Ordonnance des Etats, des deniers d'octroi des Villes & Communautés du pays, des actes d'hommages & aveux, la connoiſſance des ſaiſies féodales & des oppoſitions à ces ſaiſies, la vérification des lettres de don, franchiſes, exemptions, nobleſſe, & la garde des archives. Mais il paroît qu'elle n'a pas de juriſdiction contentieuſe : c'eſt ce qui réſulte d'un Arrêt de réglement du Conſeil d'Etat, rendu contradictoirement le 5 Décembre 1741, entre les Etats de la province, le Parlement & la Chambre des Comptes.

Le réglement du Conſeil du 28 Septembre 1625 défend, Art. XV, au Parlement & à la la Chambre des Comptes de Bretagne, « d'en» treprendre aucune juriſdiction l'un ſur l'autre,

» ni de procéder par caſſation d'Arrêts, défen» ſes, ni autres condamnations ». Il ordonne, conformément aux reglemens précédens, des 6 Février 1580, 5 Août 1581, & 18 Août 1582, qu'en cas de conteſtation entre les deux Corps, elles ſeroit réglée par voie de conférences entre leur principaux Officiers, & que s'ils ne peuvent s'accorder, ils ſe pourvoieront vers le Roi.

La Chambre des Comptes eut ſéance aux Etats aſſemblés en 1451, 1455 & 1462. Elle n'y députe pas à préſent; mais ſes Officiers y ont entrée, ainſi que ceux du Parlement (1), comme Commiſſaires du Roi.

---

(1) Suivant les Réglemens des Etats, & notamment celui de 1768, chap. 10, art. 1 & 4, Meſſieurs du Parlement n'ont ni voix ni ſéance aux Etats, mais ils peuvent y entrer Commiſſaires du Roi, ils peuvent même aſpirer aux Places de Procureurs-Généraux-Syndics; mais pour être reçus, il faut qu'ils ſoient originaires de la Province, & qu'ils renoncent à l'exercice de tout Office Parlementaire. Cette diſpoſition auroit-elle lieu à cauſe des proviſions qui conſtituent MM. du Parlement hommes du Roi: ou plutôt n'auroit-elle point pour motif le pouvoir judiciaire dont ils ſont armés, & qui leur donneroit aux Etats une prépondérance irréſiſtible? Si cette derniere conjecture étoit

Toutes les Jurifdictions de la province reffortiffent au Parlement : les quatre plus confidérables font les Sénéchauffées de Rennes, de Nantes, de Vannes & de Quimper, qui ne font chacune qu'un feul tribunal avec le Préfidial qui y a été uni. Leur reffort s'étend non-feulement fur les jurifdictions feigneuriales, mais encore en matiere civile, au-deffous de deux mille livres, fur les Siéges royaux connus fous le nom de *Barres*, *Sénéchauffées ou Prévôtés royales* maintenant unies aux Sénéchauffées : au-deffus de deux mille francs, les appellations de ces jurifdictions fe portent, *omiffo medio*, au Parlement.

Ces quatre Préfidiaux ont été crées par Henri II en 1551 ; les matieres bénéficiales leur ont été attribuées par l'Edit de création. Cependant quelques Juges fubalternes en avoient pris connoiffance. Le Préfidial de Rennes fut obligé de fe pourvoir au Parlement qui par Arrêt du 19 Janvier 1718, rendu fur les conclufions de M. le Procureur-Général, fit défenfe aux Juges

---

vraie, il y a deux fiecles que les Bretons auroient preffenti le grand principe de politique du Philofophe de Genève, concernant l'union des deux pouvoirs dans la même main.

de la Guerche, Martigné-Ferchaud, & autres jurisdictions, de connoître des matieres bénéficiales, droits honorifiques des Eglises, dîmes, fondations, reliquats de comptes dus par les Trésoriers des Paroisses, & autres matieres concernant les Eglises; ainsi qu'aux Procureurs d'Office, de faire aucunes pousuites sur les mêmes matieres, à peine de nullité, dépens, dommages-intérêts, & d'en répondre en leur propre & privé nom. Au surplus il est enjoint aux Trésoriers des Paroisses, Prévôts des Confrairies, & à tous autres, de se pourvoir au Présidial de Rennes, pour raison des objets dont il s'agit.

Il y a en Bretagne huit Siéges d'Amirauté qui ont les mêmes fonctions & les mêmes droits que les autres Amirautés du royaume : ils sont établis dans les villes de Nantes, Vannes, Saint-Malo, Saint-Brieux, Quimper, Morlaix, Brest & l'Orient.

Nous n'insisterons pas sur les Siéges des Traites & autres Jurisdictions qui ne doivent leur existence qu'au régime bursal ; mais le Commissaire départi mérite qu'on en fasse une mention particuliere ; il est assez nouveau en Bretagne. Le premier qui exerça cette Magistrature fut M. d'Estampes de Valençay qui, dans ses lettres de Commissaire du Roi aux Etats de 1636, est qualifié *Conseiller d'Etat, Maître des Requêtes, Président au Grand-Conseil, Intendant de Justice, Police & Finances en Bretagne.*

Si l'on en croit Dom Morice (1), M. de Valençay s'étoit vanté, dans une assemblée, qu'il avoit le droit de réparer le tort que le Parlemant feroit aux Etats. Le Parlement instruit & choqué avec raison d'un propos si peu mésuré, lui déclara que l'entrée en la Cour ne lui seroit plus accordée.

Dans cette conjoncture, Louis de Coëtlogon de Méjusseaume, Conseiller au Parlement, fut nommé à l'Intendance. Il débuta, dit-on (2), par s'ériger une sorte de Tribunal ambulant, & prétendoit qu'en quelque lieu qu'il fût, il avoit droit de rendre des jugemens criminels en dernier ressort.

Par Arrêt du 20 Septembre 1647, le Parlement fit défense au M. de Méjusseaume, sous peine d'interdiction, de prendre le titre d'*In-*

(1) Mémoires pour servir à l'Histoire de Bretagne, tom. III, pag. 23 de la Préface.

(2) *Idem, ibidem*, pag. 24.

tendant

tendant de Justice, Police & Finances en Bretagne, ainsi qu'aux sujets du Roi de le reconnoître en cette qualité. Cette défense fut renouvellée par un Arrêt du 12 Octobre suivant, qui enjoignit en outre à M. de Méjusseaume de se rendre au Parlement pour y faire les fonctions de sa charge, Un autre Arrêt du 21 du même mois, lui ordonna de représenter ses lettres d'Intendant, & de renoncer à l'exercice de cette commission. Au lieu d'obéir, il se pourvut au Conseil qui, par Arrêt du 25 Novembre, le maintint dans le titre & les fonctions d'Intendant en Bretagne.

Le Parlement ne crut pas devoir obtempérer à cette décision; il ordonna qu'il seroit fait de très-humbles remontrances au Roi sur un établissement qui tendoit au renversement total de la Justice, & n'étoit pas moins contraire aux droits & franchises du Pays. Si ces remontrances n'eurent pas tout l'effet que l'on s'en étoit promis, elles en eurent assez pour faire sentir à M. de Méjusseaume qu'il n'avoit rien de mieux à faire que de s'accomoder avec le Parlement. Il s'y présenta le 3 Août 1648, & déclara à l'Assemblée qu'il se désistoit des fonctions d'Intendant, mais non d'en porter le titre; sur quoi M. de

Briennes lui avoit mandé que le Roi vouloit entendre les Députés du Parlement.

M. de Bourgneuf, premier Président & Député vers le Roi, représenta si vivement à Sa Majesté les inconvéniens de la nouvelle Intendance, qu'il fit révoquer, non-seulement les lettres de cachet qui avoient été expédiées pour quelques Conseillers, mais encore les provisions d'Intendant données à M. de Méjusseaume : il ne lui resta plus d'autre parti à prendre que de se réconcilier avec sa Compagnie ; quelques démarches qu'il fît, il ne put être rétabli dans son état de Conseiller que le 6 Juillet 1649, après avoir déclaré à la Cour qu'il renonçoit au titre d'Intendant, & lui avoir remis la copie de sa commission dont il assuroit avoir renvoyé l'original à M. le Chancellier.

Les Etats de la Province, faisant réflexion de leur côté aux suites que pourroit avoir cette nouveauté, n'avoient consenti en 1647 à l'enregistrement de la commission de M. de Méjusseaume, qu'avec protestation & sous la condition que les qualités qu'on lui avoit données ne pourroient préjudicier aux droits & libertés du Pays.

Ses Successeurs eurent la prudence de ne

prendre, dans leurs expéditions, que le titre d'*Intendant & Commissaire départi par le Roi pour l'exécution de ses ordres en Bretagne*, & l'on s'est peu à peu accoutumé à cette Magistrature. Les Etats lui attribuerent, en 1693, 4000 livres de pension sur les fonds destinés au payement des étapes.

Le Commissaire départi entre aux Etats comme *Commissaire du Roi & premier Commissaire du Conseil*. C'est lui qui fait, au nom du Roi, la demande du Don gratuit : il signe & approuve, avec le premier Commissaire de Sa Majesté, les arrêtés des comptes des Commissaires des Etats; il avoit la partie ordonnative des grands chemins, tant pour l'exécution des devis, que pour les payemens; mais il s'en est démis en 1733, en faveur de la commission intermédiaire qui avoit déjà la voix consultative. D'ailleurs, il pourvoit au passage des troupes, & depuis que les Domaines & Contrôles ont été ôtés à la Province, il connoît, tant au Civil qu'au Criminel, des contestations qui s'élevent relativement à ces Droits.

Telle est la constitution Bretonne. On a vu quels changemens elle a éprouvé depuis l'union, & l'on jugera si c'est en bien ou en mal. Il ne tiendra qu'aux Bretons d'augmenter l'un & de diminuer l'autre, sous un gouvernement qui ne veut que le bien. Mais quand cette constitution resteroit dans l'état actuel, elle auroit encore de quoi les flatter. La Bretagne n'est pas le seul pays d'Etats qu'il y ait en France; mais elle est seule de son espece: elle n'a point été réunie par droit de conquête; elle n'a point été réunie par puissance de fief; elle n'a été ni vendue ni donnée: c'est elle-même qui a demandé d'être unie: & François premier, en acceptant cette union, s'est engagé solemnellement, pour lui & ses successeurs, par un traité solemnel (1), à conserver aux Bretons leurs droits, franchises & libertés, dont, suivant l'expression de ce Prince, ils avoient *jouissance immémorable*. Louis XII avoit déjà *juré en foi & parole de Roi, de ne jamais venir à l'encontre* de ces droits. Le Dauphin-Duc a fait le même serment à la face des autels. Tous les Rois ses successeurs ont confir-

---

(1) D'Argentrée dans son Histoire, chapitre 70, qualifie de *Traité*, l'union de la Bretagne à la Couronne, & ce n'est pas sans raison. Il y a vu le *do ut des*, savoir, d'un côté la Nation Bretonne consentant à cette union; & de l'autre, François I lui promettant la conservation de ses droits constitutionnels, au nom de la Nation Française.

mé le même engagement, par des contrats sinalagmatiques. Ces droits sont imprescriptibles, inaliénables, indestructibles ; & s'il arrivoit, *quod omen avertat Deus!* que la Nation Bretonne en fût privée un jour, ses titres existent, ils réclameront éternellement.

Mais cette crainte n'est-elle point indiscrette dans un moment où le Monarque rend à tous les Peuples de son empire, une voix qu'ils n'auroient jamais dû perdre. Il parle, & déjà la liberté sort de son tombeau. Elle se joint à l'autorité qui la protége, pour guérir les maux du Corps politique. Tout va changer de face. La terre ne sera plus desséchée par un ciel d'airain, ni arrosée par des sueurs stériles. Le Citoyen utile jouira enfin du fruit de ses travaux, sous les auspices d'un Prince, dont la bienfaisance sera d'autant plus puissante, que sa protection sera immédiate.

FIN.

www.ingramcontent.com/pod-product-compliance
Ingram Content Group UK Ltd.
Pitfield, Milton Keynes, MK11 3LW, UK
UKHW022105190726
13855UKWH00002B/663

9 782013 042024